道德经

要义解读

袁玉江 著

华龄出版社
HUALING PRESS

图书在版编目（CIP）数据

道德经要义解读 / 袁玉江著 . -- 北京 : 华龄出版社，2022.3
ISBN 978-7-5169-2179-1

Ⅰ . ①道… Ⅱ . ①袁… Ⅲ . ①道家②《道德经》- 注释 Ⅳ . ① B223.12

中国版本图书馆 CIP 数据核字（2022）第 026796 号

责任编辑	薛　治	**责任印制**	李未圻
书　　名	道德经要义解读	**作　　者**	袁玉江 著
出　　版 发　　行	华龄出版社 HUALING PRESS		
社　　址	北京市东城区安定门外大街甲 57 号	**邮　　编**	100011
发　　行	（010）58122255	**传　　真**	（010）84049572
承　　印	石家庄北方海德印刷有限公司		
版　　次	2022 年 3 月第 1 版	**印　　次**	2022 年 3 月第 1 次印刷
规　　格	787mmx1092mm	**开　　本**	1/16
印　　张	17	**字　　数**	105 千字
书　　号	ISBN 978-7-5169-2179-1		
定　　价	68.00 元		

老子与《道德经》

老子姓李名耳，字伯阳，号聃，周楚苦县濑乡曲仁里人。曾任周室守藏史，通礼乐，孔子师之，赞其盛德犹龙。

老子修道德，其学以无名自隐为务。周昭王二十三年，驾青牛过函谷关，关令尹喜请其著书，于是著《道德经》上下篇，共五千言住世，而后乃去，莫知其终。

《道德经》犹如《易经》，本不以宗教名，崇尚道法自然，其哲义包括儒释易之精髓。道，即宇宙自然规律，亦即真理。道犹道路，为人所行，何以行？其宗旨即守中抱一！守中抱一，可使阴阳二气，合二为一，一归于〇。一即太极，太极即道；〇即无极，无极即自然。道本于德，无道则无德，无德则无道，道德之极致，即是无为，无为而无所不为。

《道德经》上下篇，共计八十一章。八十一，即九九之数，即昭示天道用九，亦即《易经》乾卦用九之义；用九即是无为而为，无所不为，又，用九即是用洛书，用洛书即是用洛书之九五，用洛书九五则为守中抱一所本。上篇三十七章为道，下篇四十四章为德，上下篇合二为一，是为道德。道德于人道，即始成德，终达道。成德达道，为人道教育之根本，何以成德达道？即人道当效法地道法则，地道法则即为而不争，即以柔顺刚，刚柔相得。

道祖宝诰

志心皈命礼

随方设教，历劫度人。为皇者师，帝者师，王者师，假名易号。立天之道，地之道，人之道，隐圣显凡。总千二百之官君。主握阴阳，命雷霆用九五数。大悲大愿大圣大慈太上老君道德天尊。

经典修学次第

一、观经

请到经典后，端身正坐，静心诚意，进入观经。不是以眼观经，重在心观，即洗心涤虑，入清净自性，用智慧参悟经文。

二、读经

朗读全经，只须通读，不求理解，七至四十九遍，乃至数遍以后，进入精读。精读，即消文纳义，咀嚼消化，如此，书读百遍，其义自见。

三、背经

全经熟练读诵后，则进入背经。对此，儿童较容易，成人有难度，若用心专一，亦非难事，在于是否有志，志诚通灵性，用灵性读经，可过目不忘。

四、诵经

即唱诵经文。如同唱自己所喜欢的歌曲，反复唱经，唱到清静专一时，对开启智慧，会有神效。

五、述经

会背诵之后，将解经部分，逐章逐节进行复述。能此，对加强经典的理解，有莫大好处。

六、讲经

待复述流畅之后，进入讲经。或自己讲，或对三五人宣讲。讲解时，对经文解读的内容，可适当发挥，但贵在结合自身的修行，对号入座，忏悔改过。此环节非常重要，若能奉行，会收奇效，随时会有助于开启智慧。

七、解经

对经文进行解读，最好方式，即以经解经，勿将各种版本参杂一起，甚至东拼西凑，那是学术之事，难得真实道旨。洗心涤滤，守中抱一，方能契入圣人经典之真义。解经非同小可，不能儿戏，解读不当，误人子弟，罪过非轻。

八、行经

圣人所有经典，均示人如何将经典，用于对治自己的性心身三界，并落实到家庭五伦生活之中，或指导人类修身齐家治国平天下，终至止于真性。否则，只是一味读经，而不能将经落实于修齐治平之做人做事中，那么经是经，我是我，二者不能融合。如此，即使日夜读经，亦终生无益。若只以经治人，而不治己，此亦与经背道而驰，反遭罪过。何为经？经犹道路，示人顺道而行。修学圣人经典，应志在恒久力行，贵在能知能行，贵在知行合一，只知不行，永远难成。

九、普经

修学经典，当有成就之时，贵在使经典普及推广。圣人治经，重在广利群生，若只图自利，不图利众，此乃小圣作为，非大圣之行。普经之志，即在使人人同达修身齐家、治国平天下、止于真性之真境，简言之，即共同成德达道，同登大同世界。

综上所述，为经典修学之次第。修学经典，当依次循序渐进，贵在持之以恒，切勿一日曝十日寒；当兼顾数量和质量，日积月累，量变必质变，福至乃心灵，功到自然成；当惟精惟一，确得实效后，再求博取，可事半功倍，否则贪多杂取，则门门达不透，难得其精。此《道德经要义解读》一书，集儒释道易于一体，是儒释道融会贯通的难得法本。祈愿有缘人，珍惜难得之道缘，从中得福，从中开慧，直至成德达道。

前言

《道德经》揭示了修齐治平、止于真性、济世救人的自然大道，其道之奥，在于妙用九五，在于得一归〇。

九即洛书九宫，五即九宫之中五。中五即九五，九五即天地中心数，即后天五行之中土。九五中土，即是艮卦止德，艮止之德，能成就坎离水火，即艮土制坎水，以防范坎水泛泛，坎水制离火，以防范离火炎炎，而成水火既济之定功，达阴阳平衡之中道，以利万物之生成。以易象表示，即坎代先天坤，离代先天乾，坎离成既济，即后天坎离返先天乾坤，乾坤返太极，太极返无极，以易数表示，即是得一归〇。在人体，坎为肾为精，离为心为神，坎离成既济，即是精与神合为太极一气，此即修行之窍诀，此即成道之根本，此即性命之关键，所以，道祖宝诰有曰："命雷霆用九五数。"以上即是《道德经要义解读》之妙用九五，得一归〇之真谛所在！

《道德经》传至今，注说不一，遂致议论纷歧，争持龃龉，徒乱人意。今《道德经要义解读》一书，旨在以《易经》解读《道德经》，务求阐明微言，彰显真道，不执于各版本同异之求。何为微言？即是以数彰显至道，为何？因为道中有数，数中有道，以数示道，至简至妙，此即古圣一贯之道。

袁玉江

2021年9月5日

于文登南海新区

自序

自古以来，圣人济世救人，无非是教人断除妄念。妄念，又称为妄想。例如，我们早晨一睁眼，头脑里不断想事情，种种念头、种种幻想、公事私事、人我是非、陈年往事……犹如电影，一幕一幕地闪现，亦如瀑布之奔流不息，没有一分一秒停止。我们每天从早到晚，一切动作与思维，都充满妄念。妄念是分别心，是第六意识，如眼着于色、耳着于声、鼻着于香、舌着于味、身着于触、意着于思，皆是识的作用（六识即精神）。人体内有眼耳鼻舌身意六根（六根即生理），外有色声香味触法六尘（六尘即物质）。六根与六尘一接触，即产生六识，此即三六一十八变（易经大衍之数六爻成象的演变过程即是对此的最好解读）。

六识之妄动，皆因受第七识（末那识）执我的影响，此第七识执我之一念，即是根本无明。由此无明，指使六根，以私我为中心，一切言语行为，莫不为自己打算，因而发生人我是非，造种种业，受种种报，此即生老病死及六道轮转的根本所在。所有业力，均储藏于第八识（阿赖耶识），第八识带着生生世世的业力，流转生死，永无止息。

我们欲拨除生死之根本，对于永无休歇的六识心浪，必须予以艮止，则相续不断的意识，即不能起作用。此时的心理状态，即动静如如，湛然清静，灵明不昧，不思维过去、现在、未来一切事物，故称之为无念。无念即无为，无为而为，则无所不为，此即儒释道易圣人所追求的终极目标。为达终极目标，我们就必须妙用九五！否则，终日忙忙碌碌，从朝至暮，从生到死，空过光阴，徒耗难得暇满人身，在修持上固然劳而无功，在身心上也永不得止定；这样与健康长寿，修心养性，成德达道，皆是背道而驰。为此，可不戒慎！可不自勉！

此为序。

袁玉江

2021 年 9 月 5 日
于文登南海新区

目 录

上篇·道

（1—37章）

道德经 经文

dì yī zhāng dào

第一章　道

líng yī

〇一

dào kě dào fēi cháng dào míng kě míng fēi cháng míng wú
道，可道，非常道；名，可名，非常名。无，
míng tiān dì zhī shǐ yǒu míng wàn wù zhī mǔ gù cháng wú yù yǐ guān qí
名天地之始；有，名万物之母。故常无欲，以观其
miào cháng yǒu yù yǐ guān qí jiào cǐ liǎng zhě tóng chū ér yì míng tóng wèi
妙；常有欲，以观其徼。此两者同出而异名，同谓
zhī xuán xuán zhī yòu xuán zhòng miào zhī mén
之玄，玄之又玄，众妙之门。

第二章　中和阴阳

合二为一

天下皆知美之为美，斯恶已；皆知善之为善，斯不善已。故有无相生，难易相成，长短相形，高下相倾，音声相和，前后相随。是以圣人处无为之事，行不言之教。万物作焉而不辞，生而不有，为而不恃，功成而弗居。夫惟弗居，是以不去。

第三章　安民

无为之治

不尚贤，使民不争；不贵难得之货，使民不为盗；不见可欲，使心不乱。是以圣人之治：虚其心，实其腹，弱其志，强其骨，常使民无知无欲。使夫知者不敢为也，为无为则无不治。

dì sì zhāng bù yíng
第四章　不盈

dào de gōngyòng
道的功用

dào chōng ér yòng zhī huò bù yíng yuān xī sì wàn wù zhī zōng cuò qí
道冲，而用之或不盈。渊兮似万物之宗。挫其
ruì jiě qí fēn hé qí guāng tóng qí chén zhàn xī sì ruò cún wú bù
锐，解其纷，和其光，同其尘。湛兮似若存。吾不
zhī shuí zhī zǐ xiàng dì zhī xiān
知谁之子？象帝之先。

dì wǔ zhāng shǒu zhōng
第五章　守中

miàoyòng jiǔ wǔ
妙用九五

tiān dì bù rén yǐ wàn wù wéi chú gǒu shèng rén bù rén yǐ bǎi xìng
天地不仁，以万物为刍狗；圣人不仁，以百姓
wéi chú gǒu tiān dì zhī jiān qí yóu tuó yuè hū xū ér bù qū dòng ér
为刍狗。天地之间，其犹橐籥乎。虚而不屈，动而
yù chū duō yán shù qióng bù rú shǒu zhōng
愈出。多言数穷，不如守中。

第六章　谷神

太一真神

谷神不死，是谓玄牝。玄牝之门，是谓天地根。绵绵若存，用之不勤。

第七章　无私

无私心得真心

天长地久。天地所以能长且久者，以其不自生，故能长生。是以圣人后其身而身先，外其身而身存。非以其无私耶，故能成其私。

dì bā zhāng ruò shuǐ
第八章 若水

shàngshàn ruò shuǐ
上善若水

shàng shàn ruò shuǐ shuǐ shàn lì wàn wù ér bù zhēng chù zhòng rén zhī suǒ
上善若水。水善利万物而不争。处众人之所
è gù jī yú dào jū shàn dì xīn shàn yuān yǔ shàn rén yán shàn xìn
恶，故几于道。居善地，心善渊，与善仁，言善信，
zhèng shàn zhì shì shàn néng dòng shàn shí fū wéi bù zhēng gù wú yóu
政善治，事善能，动善时。夫唯不争，故无尤。

dì jiǔ zhāng chí yíng
第九章 持盈

wéi rén zhī dào
为人之道

chí ér yíng zhī bù rú qí yǐ chuāi ér ruì zhī bù kě cháng bǎo
持而盈之，不如其已。揣而锐之，不可常保。
jīn yù mǎn táng mò zhī néng shǒu fù guì ér jiāo zì yí qí jiù gōng chéng
金玉满堂，莫之能守。富贵而骄，自遗其咎。功成
míng suì shēn tuì tiān zhī dào
名遂身退，天之道。

dì shí zhāng xuán dé
第十章 玄德

xiū dào nán yì
修道难易

zǎi yíng pò bào yī néng wú lí hū zhuān qì zhì róu néng yīng ér
载营魄抱一，能无离乎？专气致柔，能婴儿
hū dí chú xuán lǎn néng wú cī hū ài mín zhì guó néng wú wéi hū tiān
乎？涤除玄览，能无疵乎？爱民治国，能无为乎？天
mén kāi hé néng wéi cí hū míng bai sì dá néng wú zhī hū shēng zhī chù
门开阖，能为雌乎？明白四达，能无知乎？生之畜
zhī shēng ér bù yǒu wéi ér bú shì cháng ér bù zǎi shì wèi xuán dé
之，生而不有，为而不恃，长而不宰，是谓玄德。

dì shí yī zhāng xū zhōng
第十一章 虚中

wú de miàoyòng
无的妙用

sān shí fú gōng yī gū dāng qí wú yǒu chē zhī yòng shān zhí yǐ wéi
三十辐共一毂，当其无，有车之用。埏埴以为
qì dāng qí wú yǒu qì zhī yòng záo hù yǒu yǐ wéi shì dāng qí wú
器，当其无，有器之用。凿户牖以为室，当其无，
yǒu shì zhī yòng gù yǒu zhī yǐ wéi lì wú zhī yǐ wéi yòng
有室之用。故有之以为利，无之以为用。

dì shí èr zhāng wéi fù
第十二章 为腹

shě wài qiú nèi
舍外求内

wǔ sè lìng rén mù máng wǔ yīn lìng rén ěr lóng wǔ wèi lìng rén kǒu
五色令人目盲；五音令人耳聋；五味令人口
shuǎng chí chěng tián liè lìng rén xīn fā kuáng nán dé zhī huò lìng rén háng
爽；驰骋畋猎，令人心发狂；难得之货，令人行
fāng shì yǐ shèng rén wéi fù bú wèi mù gù qù bǐ qǔ cǐ
妨。是以圣人为腹不为目，故去彼取此。

dì shí sān zhāng chǒng rǔ
第十三章 宠辱

chǒng ài yǔ xiū rǔ
宠爱与羞辱

chǒng rǔ ruò jīng guì dà huàn ruò shēn hé wèi chǒng rǔ ruò jīng chǒng
宠辱若惊。贵大患若身。何谓宠辱若惊？宠
wéi shàng rǔ wéi xià dé zhī ruò jīng shī zhī ruò jīng shì wèi chǒng rǔ
为上，辱为下，得之若惊，失之若惊，是谓宠辱
ruò jīng hé wèi guì dà huàn ruò shēn wú suǒ yǐ yǒu dà huàn zhě wéi wú yǒu
若惊。何谓贵大患若身？吾所以有大患者，为吾有
shēn jí wú wú shēn wú yǒu hé huàn gù guì yǐ shēn wéi tiān xià zhě kě
身。及吾无身，吾有何患！故贵以身为天下者，可
yǐ jì tiān xià ài yǐ shēn wéi tiān xià zhě kě yǐ tuō tiān xià
以寄天下；爱以身为天下者，可以托天下。

dì shí sì zhāng dào jì

第十四章 道纪

wú xiāng wú shēng wú xíng

无相无声无形

shì zhī bú jiàn míng yuē yí tīng zhī bù wén míng yuē xī bó zhī
视之不见，名曰夷；听之不闻，名曰希；搏之
bù de míng yuē wēi cǐ sān zhě bù kě zhì jié gù hùn ér wéi yī qí
不得，名曰微。此三者不可致诘，故混而为一。其
shàng bù jiǎo qí xià bú mèi shéngshéng bù kě míng fù guī yú wú wù shì
上不皦，其下不昧。绳绳不可名，复归于无物。是
wèi wú zhuàng zhī zhuàng wú xiàng zhī xiàng shì wèi hū huǎng yíng zhī bú jiàn qí
谓无状之状，无象之象，是谓惚恍。迎之不见其
shǒu suí zhī bú jiàn qí hòu zhí gǔ zhī dào yǐ yù jīn zhī yǒu néng zhī
首，随之不见其后。执古之道，以御今之有。能知
gǔ shǐ shì wèi dào jì
古始，是谓道纪。

dì shí wǔ zhāng bù yíng

第十五章 不盈

gǔ dài yǒu dào zhī shì

古代有道之士

gǔ zhī shàn wéi shì zhě wēi miào xuán tōng shēn bù kě shí fū wéi
古之善为士者，微妙玄通，深不可识。夫唯
bù kě shí gù qiáng wèi zhī róng yù xī ruò dōng shè chuān yóu xī ruò wèi sì
不可识，故强为之容：豫兮若冬涉川，犹兮若畏四
lín yǎn xī qí ruò kè huàn xī ruò bīng zhī jiāng shì dūn xī qí ruò pǔ
邻，俨兮其若客，涣兮若冰之将释，敦兮其若朴，
kuàng xī qí ruò gǔ hùn xī qí ruò zhuó shú néng zhuó yǐ chéng jìng zhī xú
旷兮其若谷，混兮其若浊。孰能浊以澄，静之徐
qīng shú néng ān yǐ jiǔ dòng zhī xú shēng bǎo cǐ dào zhě bú yù yíng fū
清？孰能安以久，动之徐生？保此道者不欲盈。夫
wéi bù yíng gù néng bì bù xīn chéng
唯不盈，故能敝不新成。

dì shí liù zhāng fù mìng

第十六章 复命

zhì zhī de jí diǎn

致知的极点

zhì xū jí shǒu jìng dǔ wàn wù bìng zuò wú yǐ guān qí fù fū
致虚极，守静笃。万物并作，吾以观其复。夫
wù yún yún gè guī qí gēn guī gēn yuē jìng jìng yuē fù mìng fù mìng yuē
物云云，各归其根。归根曰静，静曰复命，复命曰
cháng zhī cháng yuē míng bù zhī cháng wàng zuò xiōng zhī cháng róng róng nǎi
常，知常曰明。不知常，妄作，凶。知常容，容乃
gōng gōng nǎi wáng wáng nǎi tiān tiān nǎi dào dào nǎi jiǔ mò shēn bú dài
公，公乃王，王乃天，天乃道，道乃久，殁身不殆。

第十七章　知有

四等国君

太上，不知有之；其次，亲而誉之；其次，畏之；其次，侮之。信不足焉，有不信焉！悠兮其贵言，功成事遂，百姓皆谓我自然。

第十八章　四有

仁义与孝慈

大道废，有仁义。智慧出，有大伪。六亲不和，有孝慈。国家昏乱，有忠臣。

dì shí jiǔ zhāng pǔ sù
第十九章 朴素

huí fù chúnzhēn
回复纯真

jué shèng qì zhì mín lì bǎi bèi jué rén qì yì mín fù xiào cí
绝圣弃智，民利百倍；绝仁弃义，民复孝慈；
jué qiǎo qì lì dào zéi wú yǒu cǐ sān zhě yǐ wéi wén bù zú gù lìng
绝巧弃利，盗贼无有。此三者，以为文不足，故令
yǒu suǒ shǔ jiàn sù bào pǔ shǎo sī guǎ yù
有所属：见素抱朴，少私寡欲。

dì èr shí zhāng shí mǔ
第二十章 食母

wàn wù yì tǐ
万物一体

jué xué wú yōu wéi zhī yǔ ā xiāng qù jǐ hé shàn zhī yǔ è
绝学无忧。唯之与阿，相去几何？善之与恶，
xiāng qù ruò hé rén zhī suǒ wèi bù kě bú wèi huāng xī qí wèi yāng
相去若何？人之所畏，不可不畏。荒兮，其未央
zāi zhòng rén xī xī rú xiǎng tài láo rú chūn dēng tái wǒ dú bó xī
哉！众人熙熙，如享太牢，如春登台。我独泊兮，
qí wèi zhào ruò yīng ér zhī wèi hái luǒ luǒ xī ruò wú suǒ guī zhòng rén
其未兆，若婴儿之未孩。儽儽兮，若无所归！众人
jiē yǒu yú ér wǒ dú ruò yí wǒ yú rén zhī xīn yě zāi zhuànzhuàn xī
皆有余，而我独若遗。我愚人之心也哉，沌沌兮！
sú rén zhāo zhāo wǒ dú hūn hūn sú rén chá chá wǒ dú mèn mèn dàn xī
俗人昭昭，我独昏昏。俗人察察，我独闷闷。澹兮

qí ruò hǎi piāo xī ruò wú suǒ zhǐ zhòng rén jiē yǒu yǐ wǒ dú wán sì
其若海，飘兮若无所止。众人皆有以，我独顽似

bǐ wǒ dú yì yú rén ér guì shí mǔ
鄙。我独异于人，而贵食母。

dì èr shí yī zhāng cóng dào
第二十一章 从道

yǔ zhòu dà néngliàng
宇宙大能量

kǒng dé zhī róng wéi dào shì cóng dào zhī wéi wù wéi huǎng wéi hū
孔德之容，唯道是从。道之为物，唯恍唯惚。

hū xī huǎng xī qí zhōng yǒu xiàng huǎng xī hū xī qí zhōng yǒu wù yǎo
惚兮恍兮，其中有象，恍兮惚兮，其中有物。窈

xī míng xī qí zhōng yǒu jīng qí jīng shèn zhēn qí zhōng yǒu xìn zì gǔ jí
兮冥兮，其中有精，其精甚真，其中有信。自古及

jīn qí míng bú qù yǐ yuè zhòng fǔ wú hé yǐ zhī zhòng fǔ zhī rán zāi
今，其名不去，以阅众甫。吾何以知众甫之然哉？

yǐ cǐ
以此。

dì èr shí èr zhāng bào yī
第二十二章 抱一

bù zhēng ér zhēng
不争而争

qū zé quán wǎng zé zhí wā zé yíng bì zé xīn shǎo zé dé
曲则全，枉则直；洼则盈，敝则新；少则得，
duō zé huò shì yǐ shèng rén bào yì wéi tiān xià shì bú zì jiàn gù míng
多则惑。是以圣人抱一为天下式。不自见，故明；
bú zì shì gù zhāng bú zì fá gù yǒu gōng bú zì jīn gù cháng
不自是，故彰；不自伐，故有功；不自矜，故长。
fū wéi bù zhēng gù tiān xià mò néng yǔ zhī zhēng gǔ zhī suǒ wèi qǔ zé quán
夫唯不争，故天下莫能与之争。古之所谓曲则全
zhě qǐ xū yán zāi chéng quán ér guī zhī
者，岂虚言哉？诚全而归之。

dì èr shí sān zhāng tóng dào
第二十三章 同道

zì rán zhī dào
自然之道

xī yán zì rán piāo fēng bù zhōng cháo zhòu yǔ bù zhōng rì shú wèi cǐ
希言自然。飘风不终朝，骤雨不终日。孰为此
zhě tiān dì tiān dì shàng bù néng jiǔ ér kuàng yú rén hū gù cóng shì yú
者？天地。天地尚不能久，而况于人乎？故从事于
dào zhě dào zhě tóng yú dào dé zhě tóng yú dé shī zhě tóng yú shī tóng
道者，道者同于道，德者同于德，失者同于失。同
yú dào zhě dào yì lè de zhī tóng yú dé zhě dé yì lè dé zhī tóng
于道者，道亦乐得之；同于德者，德亦乐德之；同
yú shī zhě shī yì lè de zhī xìn bù zú yān yǒu bú xìn yān
于失者，失亦乐得之。信不足焉，有不信焉。

dì èr shí sì zhāng bú chù
第二十四章 不处

duō yú de tān chī
多余的贪吃

cì zhě bú lì kuà zhě bù xíng zì jiàn zhě bù míng zì shì zhě bù
跂者不立，跨者不行，自见者不明，自是者不

zhāng zì fá zhě wú gōng zì jīn zhě bù cháng qí yú dào yě yuē yú shí
彰，自伐者无功，自矜者不长。其于道也，曰余食

zhuì háng wù huò è zhī gù yǒu dào zhě bú chù
赘行，物或恶之，故有道者不处。

dì èr shí wǔ zhāng hùn chéng
第二十五章 混成

dào de zhēn dì
道的真谛

yǒu wù hùn chéng xiān tiān dì shēng jì xī liáo xī dú lì ér bù
有物混成，先天地生。寂兮寥兮，独立而不

gǎi zhōu xíng ér bú dài kě yǐ wéi tiān xià mǔ wú bù zhī qí míng zì
改，周行而不殆，可以为天下母。吾不知其名，字

zhī yuē dào qiáng wèi zhī míng yuē dà dà yuē shì shì yuē yuǎn yuǎn yuē fǎn
之曰道，强为之名曰大。大曰逝，逝曰远，远曰返。

gù dào dà tiān dà dì dà wáng yì dà yù zhōng yǒu sì dà ér wáng
故道大，天大，地大，王亦大。域中有四大，而王

jū qí yī yān rén fǎ dì dì fǎ tiān tiān fǎ dào dào fǎ zì rán
居其一焉。人法地，地法天，天法道，道法自然。

dì èr shí liù zhāng zī zhòng

第二十六章 辎重

qīng yǔ zhòng

轻与重

zhòng wéi qīng gēn, jìng wéi zào jūn. shì yǐ shèng rén zhōng rì háng bù lí zī
重为轻根，静为躁君。是以圣人终日行不离辎
zhòng, suī yǒu róng guān, yàn chù chāo rán. nài hé wàn chéng zhī zhǔ, ér yǐ shēn
重，虽有荣观，燕处超然。奈何万乘之主，而以身
qīng tiān xià? qīng zé shī gēn, zào zé shī jūn.
轻天下？轻则失根，躁则失君。

dì èr shí qī zhāng xí míng

第二十七章 袭明

zhì shàn zhī rén

至善之人

shàn xíng, wú zhé jì; shàn yán, wú xiá zhé; shàn shù, bú yòng chóu
善行，无辙迹；善言，无瑕谪；善数，不用筹
cè; shàn bì, wú guān jiàn ér bù kě kāi; shàn jié, wú shéng yuē ér bù kě
策；善闭，无关键而不可开；善结，无绳约而不可
jiě. shì yǐ shèng rén cháng shàn jiù rén, gù wú qì rén, cháng shàn jiù wù,
解。是以圣人常善救人，故无弃人，常善救物，
gù wú qì wù, shì wèi xí míng. gù shàn rén zhě, bú shàn rén zhī shī; bú
故无弃物，是谓袭明。故善人者，不善人之师；不
shàn rén zhě, shàn rén zhī zī. bú guì qí shī, bú ài qí zī, suī zhī dà
善人者，善人之资。不贵其师，不爱其资，虽知大
mí, shì wèi yào miào.
迷，是谓要妙。

dì èr shí bā zhāng cháng dé

第二十八章 常德

gāng yǔ róu

刚与柔

zhī qí xióng shǒu qí cí wéi tiān xià xī wéi tiān xià xī cháng dé
知其雄，守其雌，为天下溪。为天下溪，常德
bù lí fù guī yú yīng ér zhī qí bái shǒu qí hēi wéi tiān xià shì
不离，复归于婴儿。知其白，守其黑，为天下式。
wéi tiān xià shì cháng dé bù tēi fù guī yú wú jí zhī qí róng shǒu qí
为天下式，常德不忒，复归于无极。知其荣，守其
rǔ wéi tiān xià gǔ wéi tiān xià gǔ cháng dé nǎi zú fù guī yú pǔ
辱，为天下谷。为天下谷，常德乃足，复归于朴。
pǔ sàn ze wéi qì shèng rén yòng zhī zé wéi guān zhǎng gù dà zhì bù gē
朴散则为器，圣人用之，则为官长。故大制不割。

dì èr shí jiǔ zhāng zì rán

第二十九章 自然

wù nì tiān ér xíng

勿逆天而行

jiāng yù qǔ tiān xià ér wèi zhī wú jiàn qí bù dé yǐ tiān xià shén
将欲取天下而为之，吾见其不得已。天下神
qì bù kě wéi yě bù kě zhí yě wéi zhě bài zhī zhí zhě shī zhī
器，不可为也，不可执也。为者败之，执者失之。
fū wù huo háng huò suí huò xū huò chuī huò qiáng huò léi huò zǎi huò huī
夫物或行或随，或嘘或吹，或强或羸，或载或隳。
shì yǐ shèng rén qù shèn qù shē qù tài
是以圣人去甚，去奢，去泰。

dì sān shí zhāng bú dào
第三十章 不道

bú zhàng shì bīng qiáng
不仗恃兵强

yǐ dào zuǒ rén zhǔ zhě bù yǐ bīng qiáng tiān xià qí shì hǎo hái shī
以道佐人主者，不以兵强天下，其事好还。师

zhī suǒ chù jīng jí shēng yān dà bīng zhī hòu bì yǒu xiōng nián shàn zhě guǒ
之所处，荆棘生焉。大兵之后，必有凶年。善者果

ér yǐ bù gǎn yǐ qǔ qiáng guǒ ér wù jīn guǒ ér wù fá guǒ ér wù
而已，不敢以取强。果而勿矜，果而勿伐，果而勿

jiāo guǒ ér bù de yǐ guǒ ér wù qiáng wù zhuàng zé lǎo shì wèi bú
骄，果而不得已，果而勿强。物壮则老，是谓不

dào bú dào zǎo yǐ
道，不道早已。

第三十一章　贵左

用兵之道

夫佳兵者，不祥之器，物或恶之，故有道者不处。君子居则贵左，用兵则贵右。兵者不祥之器，非君子之器，不得已而用之。恬淡为上，胜而不美，而美之者，是乐杀人。夫乐杀人者，则不可以得志于天下矣。吉事尚左，凶事尚右。偏将军居左，上将军居右，言以丧礼处之。杀人众多，以悲哀泣之；战胜，以丧礼处之。

第三十二章 知止

知止之道

道常无名。朴虽小，天下不敢臣。侯王若能守，万物将自宾。天地相合，以降甘露，人莫之令而自均。始制有名，名亦既有，夫亦将知止，知止所以不殆。譬道之在天下，犹川谷之于江海。

第三十三章 尽己

真正的永生

知人者智，自知者明。胜人者有力，自胜者强。知足者富，强行者有志。不失其所者久，死而不亡者寿。

dì sān shí sì zhāng chéng dà
第三十四章 成大

tiān dì zhī xiōng jīn
天地之胸襟

dà dào fàn xī qí kě zuǒ yòu wàn wù shì zhī yǐ shēng ér bù cí
大道泛兮，其可左右。万物恃之以生而不辞，
gōng chéng bù míng yǒu ài yǎng wàn wù ér bù wéi zhǔ cháng wú yù kě míng yú
功成不名有。爱养万物而不为主，常无欲，可名于
xiǎo wàn wù guī yān ér bù zhī zhǔ kě míng yú dà shì yǐ shèng rén zhōng bú
小；万物归焉而不知主，可名于大。是以圣人终不
wèi dà gù néng chéng qí dà
为大，故能成其大。

dì sān shí wǔ zhāng dà xiàng
第三十五章 大象

dào de xuánmiào
道的玄妙

zhí dà xiàng tiān xià wǎng wǎng ér bú hài ān píng tài lè yǔ
执大象，天下往。往而不害，安平泰。乐与
ěr guò kè zhǐ dào zhī chū kǒu dàn hū qí wú wèi shì zhī bù zú
饵，过客止。道之出口，淡乎其无味，视之不足
jiàn tīng zhī bù zú wén yòng zhī bù kě jì
见，听之不足闻，用之不可既。

dì sān shí liù zhāng wēi míng
第三十六章 微明

wù jí bì fǎn
物极必反

jiāng yù shè zhī bì gù zhāng zhī jiāng yù ruò zhī bì gù qiáng zhī
将欲歙之，必固张之；将欲弱之，必固强之；
jiāng yù fèi zhī bì gù xìng zhī jiāng yù duó zhī bì gù yǔ zhī shì wèi
将欲废之，必固兴之；将欲夺之，必固与之。是谓
wēi míng róu shèng gāng ruò shēng qiáng yú bù kě tuō yú yuān bāng yǒu lì
微明。柔胜刚，弱胜强。鱼不可脱于渊，邦有利
qì bù kě yǐ shì rén
器，不可以示人。

dì sān shí qī zhāng wú wéi
第三十七章 无为

zì rán jiào huà
自然教化

dào cháng wú wéi ér wú bú wèi hóu wáng ruò néng shǒu wàn wù jiāng zì
道常无为而无不为。侯王若能守，万物将自
huà huà ér yù zuò wú jiāng zhèn zhī yǐ wú míng zhī pǔ wú míng zhī pǔ
化。化而欲作，吾将镇之以无名之朴。无名之朴，
yì jiāng bú yù bú yù yǐ jìng tiān xià jiāng zì zhèng
亦将不欲。不欲以静，天下将自正。

道德经 经文

下篇·德

（38-81章）

dì sān shí bā zhāng chù hòu
第三十八章 处厚

shǒu dào dé cì rén yì
首道德次仁义

shàng dé bu dé shì yǐ yǒu dé xià dé bù shī dé shì yǐ wú
上德不德，是以有德。下德不失德，是以无
dé shàng dé wú wéi ér wú yǐ wéi xià dé wèi zhī ér yǒu yǐ wéi shàng rén
德。上德无为而无以为，下德为之而有以为。上仁
wèi zhī ér wú yǐ wéi shàng yì wèi zhī ér yǒu yǐ wéi shàng lǐ wèi zhī ér
为之而无以为，上义为之而有以为。上礼为之而
mò zhī yìng zé rǎng bì ér réng zhī gù shī dào ér hòu dé shī dé ér
莫之应，则攘臂而仍之。故失道而后德，失德而
hòu rén shī rén ér hòu yì shī yì ér hòu lǐ fū lǐ zhě zhōng xìn
后仁，失仁而后义，失义而后礼。夫礼者，忠信
zhī báo ér luàn zhī shǒu yě qián shí zhě dào zhī huá ér yú zhī shǐ
之薄，而乱之首也。前识者，道之华，而愚之始
yě shì yǐ dà zhàng fu chù qí hòu bú chù qí báo jū qí shí bù jū qí
也。是以大丈夫处其厚不处其薄，居其实不居其
huá gù qù bǐ qǔ cǐ
华。故去彼取此。

dì sān shí jiǔ zhāng dé yī
第三十九章 得一

dào de gēn běn
道的根本

xī zhī dé yī zhě tiān dé yì yǐ qīng dì dé yì yǐ níng shén dé
昔之得一者：天得一以清，地得一以宁，神得
yì yǐ líng gǔ dé yì yǐ yíng wàn wù dé yì yǐ shēng hóu wáng dé yì yǐ
一以灵，谷得一以盈，万物得一以生，侯王得一以
wéi tiān xià zhēn qí zhì zhī yī yě tiān wú yǐ qīng jiāng kǒng liè dì wú
为天下贞，其致之一也。天无以清，将恐裂；地无
yǐ níng jiāng kǒng fā shén wú yǐ líng jiāng kǒng xiē gǔ wú yǐ yíng jiāng
以宁，将恐发；神无以灵，将恐歇；谷无以盈，将
kǒng jié wàn wù wú yǐ shēng jiāng kǒng miè hóu wáng wú yǐ zhēn ér guì gāo
恐竭；万物无以生，将恐灭；侯王无以贞而贵高，
jiāng kǒng jué gù guì yǐ jiàn wéi běn gāo yǐ xià wéi jī shì yǐ hóu wáng zì
将恐蹶。故贵以贱为本，高以下为基。是以侯王自
chēng gū guǎ bù gǔ cǐ qí yǐ jiàn wéi běn yē fēi hū gù zhì shù
称孤、寡、不谷，此其以贱为本耶？非乎？故致数
yú yǔ wú yú bú yù lù lù rú yù luò luò rú shí
舆与无舆。不欲琭琭如玉，落落如石。

dì sì shí zhāng fǎn fù

第四十章 反复

líng shēng yī yī guī líng

〇生一·一归〇

fǎn zhě dào zhī dòng ruò zhě dào zhī yòng tiān xià wàn wù shēng yú yǒu

反者道之动，弱者道之用。天下万物生于有，

yǒu shēng yú wú

有生于无。

dì sì shí yī zhāng wén dào

第四十一章 闻道

dào de zūn guì

道的尊贵

shàng shì wén dào qín ér xíng zhī zhōng shì wén dào ruò cún ruò wáng

上士闻道，勤而行之；中士闻道，若存若亡；

xià shì wén dào dà xiào zhī bú xiào bù zú yǐ wéi dào gù jiàn yán yǒu

下士闻道，大笑之，不笑不足以为道。故建言有

zhī míng dào ruò mèi jìn dào ruò tuì yí dào ruò lèi shàng dé ruò gǔ

之：明道若昧，进道若退，夷道若类，上德若谷，

dà bái ruò rǔ guǎng dé ruò bù zú jiàn dé ruò tōu zhì zhēn ruò yú dà

大白若辱，广德若不足，建德若偷，质真若渝，大

fang wú yú dà qì wǎn chéng dà yīn xī shēng dà xiàng wú xíng dào yǐn wú

方无隅，大器晚成，大音希声，大象无形。道隐无

míng fū wéi dào shàn dài qiě chéng

名。夫唯道，善贷且成。

dì sì shí èr zhāng zhōng hé

第四十二章　中和

dào de zào huà

道的造化

cào shēng yī yì shēng èr èr shēng sān sān shēng wàn wù wàn wù fù
道生一，一生二，二生三，三生万物。万物负
yīn ér bào yáng chōng qì yǐ wéi hé rén zhī suǒ è wéi gū guǎ bù
阴而抱阳，冲气以为和。人之所恶，唯孤、寡、不
gǔ ér wáng gōng yǐ wéi chēng gù huò sǔn zhī ér yì huò yì zhī ér sǔn
谷，而王公以为称。故或损之而益，或益之而损。
rén zhī suǒ jiào wǒ yì jiào zhī qiáng liáng zhě bù de qí sǐ wú jiāng yǐ wéi
人之所教，我亦教之。强梁者不得其死。吾将以为
jiào fù
教父。

dì sì shí sān zhāng zhì róu

第四十三章　至柔

róu shènggāng

柔胜刚

tiān xià zhī zhì róu chí chěng tiān xià zhī zhì jiān wú yǒu rù yú wú
天下之至柔，驰骋天下之至坚。无有入于无
jiàn wú shì yǐ zhī wú wéi zhī yǒu yì bù yán zhī jiào wú wèi zhī yì
间。吾是以知无为之有益。不言之教，无为之益，
tiān xià xī jí zhī
天下希及之。

dì sì shí sì zhāng　zhī zhǐ
第四十四章　知止

shēn yǔ míng
身与名

míng yǔ shēn shú qīn　shēn yǔ huò shú duō　dé yǔ wáng shú bìng　shì gù
名与身孰亲？身与货孰多？得与亡孰病？是故

shèn ài bì dà fèi　duō cáng bì hòu wáng　zhī zú bù rǔ　zhī zhǐ bú dài
甚爱必大费，多藏必厚亡。知足不辱，知止不殆，

kě yǐ cháng jiǔ
可以长久。

dì sì shí wǔ zhāng　qīng jìng
第四十五章　清静

qīng jìng zì rán
清静自然

dà chéng ruò quē　qí yòng bú bì　dà yíng ruò chōng　qí yòng bù qióng
大成若缺，其用不敝。大盈若冲，其用不穷。

dà zhí ruò qū　dà qiǎo ruò zhuō　dà biàn ruò nè　zào shèng hán　jìng shèng
大直若屈，大巧若拙，大辩若讷。躁胜寒，静胜

rè　qīng jìng wéi tiān xià zhèng
热，清静为天下正。

dì sì shí liù zhāng zhī zú
第四十六章 知足

yǒu dào yǔ wú dào
有道与无道

tiān xià yǒu dào, què zǒu mǎ yǐ fèn; tiān xià wú dào, róng mǎ shēng yú
天下有道，却走马以粪；天下无道，戎马生于
jiāo. zuì mò dà yú kě yù, huò mò dà yú bù zhī zú, jiù mò dà yú yù
郊。罪莫大于可欲，祸莫大于不知足，咎莫大于欲
dé. gù zhī zú cháng zú.
得。故知足常足。

dì sì shí qī zhāng tiān dào
第四十七章 天道

zǒngyuán zé yǔ dìng lǐ
总原则与定理

bù chū hù, zhī tiān xià; bù kuī yǒu, jiàn tiān dào. qí chū mí
不出户，知天下；不窥牖，见天道。其出弥
yuǎn, qí zhī mí shǎo. shì yǐ shèng rén bù xíng ér zhī, bú jiàn ér míng, bú
远，其知弥少。是以圣人不行而知，不见而名，不
wèi ér chéng.
为而成。

dì sì shí bā zhāng　rì sǔn

第四十八章　日损

wú wèi zhī miào

无为之妙

wéi xué rì yì　wéi dào rì sǔn　sǔn zhī yòu sǔn　yǐ zhì yú wú
为学日益，为道日损，损之又损，以至于无
wéi　wú wéi ér wú bú wèi yǐ　gù qǔ tiān xià zhě　cháng yǐ wú shì　jí
为。无为而无不为矣。故取天下者，常以无事，及
qí yǒu shì　bù zú yǐ qǔ tiān xià
其有事，不足以取天下。

dì sì shí jiǔ zhāng　dé shàn

第四十九章　德善

shèng rén zhī xīn

圣人之心

shèng rén wú cháng xīn　yǐ bǎi xìng xīn wéi xīn　shàn zhě wú shàn zhī
圣人无常心，以百姓心为心。善者吾善之，
bú shàn zhě wú yì shàn zhī　dé shàn yǐ　xìn zhě wú xìn zhī　bú xìn zhě wú
不善者吾亦善之，德善矣。信者吾信之，不信者吾
yì xìn zhī　dé xìn yǐ　shèng rén zài tiān xià tiē tiē　wéi tiān xià　hún qí
亦信之，德信矣。圣人在天下慄慄，为天下，浑其
xīn　bǎi xìng jiē zhù qí ěr mù　shèng rén jiē hái zhī
心。百姓皆注其耳目，圣人皆孩之。

dì wǔ shí zhāng shēng sǐ

第五十章 生死

chū shēng rù sǐ

出生入死

chū shēng rù sǐ shēng zhī tú shí yǒu sān sǐ zhī tú shí yǒu sān
出生入死。生之徒十有三，死之徒十有三，
rén zhī shēng dòng zhī sǐ dì zhě yì shí yǒu sān fū hé gù yǐ qí shēng
人之生，动之死地者，亦十有三。夫何故？以其生
shēng zhī hòu gài wén shàn shè shēng zhě lù háng bú yù sì hǔ rù jūn bú bèi
生之厚。盖闻善摄生者，陆行不遇兕虎，入军不被
jiǎ bīng sì wú suǒ tóu qí jiǎo hǔ wú suǒ cuò qí zhǎo bīng wú suǒ róng qí
甲兵。兕无所投其角，虎无所措其爪，兵无所容其
rèn fū hé gù yǐ qí wú sǐ dì
刃。夫何故？以其无死地。

dì wǔ shí yī zhāng zūn guì

第五十一章 尊贵

dào de zhēn xìng

道的真性

dào shēng zhī dé chù zhī wù xíng zhī shì chéng zhī shì yǐ wàn wù
道生之，德畜之，物形之，势成之。是以万物
mò bù zūn dào ér guì dé dào zhī zūn dé zhī guì fū mò zhī mìng ér cháng zì
莫不尊道而贵德。道之尊，德之贵，夫莫之命而常自
rán gù dào shēng zhī dé chù zhī cháng zhī yù zhī chéng zhī shú zhī yǎng zhī
然。故道生之，德畜之，长之育之，成之熟之，养之
fù zhī shēng ér bù yǒu wéi ér bú shì cháng ér bù zǎi shì wèi xuán dé
覆之。生而不有，为而不恃，长而不宰，是谓玄德。

dì wǔ shí èr zhāng shǒu mǔ

第五十二章 守母

dào de běn yuán

道的本源

tiān xià yǒu shǐ, yǐ wéi tiān xià mǔ. jì dé qí mǔ, yǐ zhī qí zǐ. jì zhī qí zǐ, fù shǒu qí mǔ, mò shēn bú dài. sāi qí duì, bì qí mén, zhōng shēn bù qín. kāi qí duì, jì qí shì, zhōng shēn bú jiù. jiàn xiǎo yuē míng, shǒu róu yuē qiáng. yòng qí guāng, fù guī qí míng, wú yí shēn yāng, shì wèi xí cháng.

天下有始，以为天下母。既得其母，以知其子。既知其子，复守其母，殁身不殆。塞其兑，闭其门，终身不勤。开其兑，济其事，终身不救。见小曰明，守柔曰强。用其光，复归其明，无遗身殃，是谓习常。

dì wǔ shí sān zhāng dà dào

第五十三章 大道

dà dào zhī xíng

大道之行

shǐ wǒ jiè rán yǒu zhī, xíng yú dà dào, wéi shī shì wèi. dà dào shèn yí, ér mín hǎo jìng. cháo shèn chú, tián shèn wú, cāng shèn xū, fú wén cǎi, dài lì jiàn, yàn yǐn shí, cái huò yǒu yú, shì wèi dào yú, fēi dào yě zāi!

使我介然有知，行于大道，惟施是畏。大道甚夷，而民好径。朝甚除，田甚芜，仓甚虚，服文彩，带利剑，厌饮食，财货有余，是谓盗竽，非道也哉！

dì wǔ shí sì zhāng　shàn jiàn
第五十四章　善建

xiū qí zhì píng
修齐治平

shàn jiàn zhě bù bá, shàn bào zhě bù tuō, zǐ sūn yǐ jì sì bú chuò.
善建者不拔，善抱者不脱，子孙以祭祀不辍。

xiū zhī yú shēn, qí dé nǎi zhēn; xiū zhī yú jiā, qí dé nǎi yú; xiū zhī yú
修之于身，其德乃真；修之于家，其德乃余；修之于

xiāng, qí dé nǎi cháng; xiū zhī yú bāng, qí dé nǎi fēng; xiū zhī yú tiān xià,
乡，其德乃长；修之于邦，其德乃丰；修之于天下，

qí dé nǎi pǔ. gù yǐ shēn guān shēn, yǐ jiā guān jiā, yǐ xiāng guān xiāng, yǐ bāng
其德乃普。故以身观身，以家观家，以乡观乡，以邦

guān bāng, yǐ tiān xià guān tiān xià. wú hé yǐ zhī tiān xià zhī rán zāi? yǐ cǐ.
观邦，以天下观天下。吾何以知天下之然哉？以此。

dì wǔ shí wǔ zhāng hán dé

第五十五章 含德

hòu dé zhī rén

厚德之人

hán dé zhī hòu bǐ yú chì zǐ dú chóng bú shì měng shòu bú jù
含德之厚，比于赤子。毒虫不螫，猛兽不据，
jué niǎo bù bó gǔ ruò jīn róu ér wò gù wèi zhī pìn mǔ zhī hé ér juān
攫鸟不搏。骨弱筋柔而握固。未知牝牡之合而朘
zuò jīng zhī zhì yě zhōng rì hào ér bù á hé zhī zhì yě zhī hé yuē
作，精之至也。终日号而不嗄，和之至也。知和曰
cháng zhī cháng yuē míng yì shēng yuē xiáng xīn shǐ qì yuē qiáng wù zhuàng zé
常，知常曰明，益生曰祥。心使气曰强，物壮则
lǎo shì wèi bú dào bú dào zǎo yǐ
老，是谓不道，不道早已。

dì wǔ shí liù zhāng dào guì

第五十六章 道贵

wù dào de rén

悟道的人

zhī zhě bù yán yán zhě bù zhī sāi qí duì bì qí mén cuò qí
知者不言，言者不知。塞其兑，闭其门，挫其
ruì jiě qí fēn hé qí guāng tóng qí chén shì wèi xuán tóng gù bù kě
锐，解其纷，和其光，同其尘，是谓玄同。故不可
de ér qīn bù kě de ér shū bù kě de ér lì bù kě de ér hài
得而亲，不可得而疏；不可得而利，不可得而害；
bù kě de ér guì bù kě de ér jiàn gù wéi tiān xià guì
不可得而贵，不可得而贱。故为天下贵。

dì wǔ shí qī zhāng　zhì guó

第五十七章　治国

zhì guó zhī dào

治国之道

yǐ zhèng zhì guó　yǐ qí yòng bīng　yǐ wú shì qǔ tiān xià　wú hé yǐ
以正治国，以奇用兵，以无事取天下。吾何以
zhī qí rán zāi　yǐ cǐ　tiān xià duō jì huì　ér mín mí pín　rén duō lì
知其然哉？以此。天下多忌讳，而民弥贫；人多利
qì　guó jiā zī hūn　rén duō jì qiǎo　qí wù zī qǐ　fǎ lìng zī zhāng
器，国家滋昏；人多伎巧，奇物滋起；法令滋彰，
dào zéi duō yǒu　gù shèng rén yún　wǒ wú wéi ér mín zì huà　wǒ hǎo jìng ér
盗贼多有。故圣人云：我无为而民自化，我好静而
mín zì zhèng　wǒ wú shì ér mín zì fù　wǒ wú yù ér mín zì pǔ
民自正，我无事而民自富，我无欲而民自朴。

dì wǔ shí bā zhāng　chá zhèng

第五十八章　察政

zhì guó fāng zhēn

治国方针

qí zhèng mèn mèn　qí mín chún chún　qí zhèng chá chá　qí mín quē quē
其政闷闷，其民淳淳；其政察察，其民缺缺。
huò xī fú suǒ yǐ　fú xī huò suǒ fú　shú zhī qí jí　qí wú zhèng yē
祸兮福所倚，福兮祸所伏。孰知其极？其无正耶，
zhèng fù wéi qí　shàn fù wéi yāo　rén zhī mí yě　qí rì gù jiǔ yǐ　shì
正复为奇，善复为妖。人之迷也，其日固久矣。是
yǐ shèng rén fāng ér bù gē　lián ér bú kè　zhí ér bú sì　guāng ér bú yào
以圣人方而不割，廉而不刻，直而不肆，光而不耀。

dì wǔ shí jiǔ zhāng cháng shēng

第五十九章 长生

zhì rén shì tiān

治人事天

zhì rén shì tiān mò ruò sè fū wéi sè shì wèi zǎo fú zǎo fú
治人事天，莫若啬。夫惟啬，是谓早服。早服
wèi zhī chóng jī dé chóng jī dé zé wú bú kè wú bú kè zé mò zhī qí
谓之重积德。重积德则无不克，无不克则莫知其
jí mò zhī qí jí kě yǐ yǒu guó yǒu guó zhī mǔ kě yǐ cháng jiǔ
极。莫知其极，可以有国。有国之母，可以长久。
shì wèi shēn gēn gù dì chángshēng jiǔ shì zhī dào
是谓深根固蒂，长生久视之道。

dì liù shí zhāng zhì guó

第六十章 治国

chún pǔ xiáng hé de shì jiè

纯朴祥和的世界

zhì dà guó ruò pēng xiǎo xiān yǐ dào lì tiān xià qí guǐ bù shén fēi
治大国若烹小鲜。以道莅天下，其鬼不神。非
qí guǐ bù shén qí shén bù shāng rén fēi qí shén bù shāng rén shèng rén yì bù
其鬼不神，其神不伤人。非其神不伤人，圣人亦不
shāng rén fū liǎng bù xiāngshāng gù dé jiāo guī yān
伤人。夫两不相伤，故德交归焉。

第六十一章　为下

大国谦卑小国谦恭

大国者下流，天下之交。天下之牝，牝常以静胜牡，以静为下。故大国以下小国，则取小国；小国而下大国，则取大国。故或下以取，或下而取。大国不过欲兼畜人，小国不过欲入事人。夫两者各得其所欲，故大者宜为下。

第六十二章　道奥

道的奥妙

道者，万物之奥。善人之宝，不善人之所保。美言可以市，尊行可以加人。人之不善，何弃之有？故立天子，置三公，虽有拱璧以先驷马，不如坐进此道。古之所以贵此道者何？不曰求以得，有罪以免耶，故为天下贵。

dì liù shí sān zhāng wú nán
第六十三章 无难

shèng rén chǔ shì
圣人处事

wéi wú wéi shì wú shì wèi wú wèi dà xiǎo duō shǎo bào yuàn yǐ
为无为，事无事，味无味。大小多少，报怨以
dé tú nán yú qí yì wéi dà yú qí xì tiān xià nán shì bì zuò yú
德。图难于其易，为大于其细。天下难事，必作于
yì tiān xià dà shì bì zuò yú xì shì yǐ shèng rén zhōng bù wéi qí dà
易；天下大事，必作于细。是以圣人终不为其大，
gù néng chéng qí dà fū qīng nuò bì guǎ xìn duō yì bì duō nàn shì yǐ shèng
故能成其大。夫轻诺必寡信，多易必多难。是以圣
rén yóu nán zhī gù zhōng wú nán
人犹难之，故终无难。

dì liù shí sì zhāng fǔ wù
第六十四章 辅物

xiū jǐ zhì rén de fāng zhēn
修己治人的方针

qí ān yì chí qí wèi zhào yì móu qí cuì yì pàn qí wēi yì
其安易持，其未兆易谋，其脆易泮，其微易
sàn wèi zhī yú wèi yǒu zhì zhī yú wèi luàn hé bào zhī mù shēng yú háo
散。为之于未有，治之于未乱。合抱之木，生于毫
mò jiǔ céng zhī tái qǐ yú lěi tǔ qiān lǐ zhī xíng shǐ yú zú xià
末；九层之台，起于累土；千里之行，始于足下。
wéi zhě bài zhī zhí zhě shī zhī shì yǐ shèng rén wú wéi gù wú bài wú
为者败之，执者失之。是以圣人无为，故无败；无

zhí gù wú shī mín zhī cóng shì cháng yú jǐ chéng ér bài zhī shèn zhōng rú
执，故无失。民之从事，常于几成而败之。慎终如

shǐ zé wú bài shì shì yǐ shèng rén yù bu yù bú guì nán dé zhī huò xué
始，则无败事。是以圣人欲不欲，不贵难得之货；学

bu xué fù zhòng rén zhī suǒ guò yǐ fǔ wàn wù zhī zì rán ér bù gǎn wéi
不学，复众人之所过。以辅万物之自然而不敢为。

dì liù shí wǔ zhāng xuán dé
第六十五章 玄德

huí guī chún pǔ
回归纯朴

gǔ zhī shàn wéi dào zhě fēi yǐ míng mín jiāng yǐ yú zhī mín zhī
古之善为道者，非以明民，将以愚之。民之

nán zhì yǐ qí zhì duō gù yǐ zhì zhì guó guó zhī zéi bù yǐ zhì zhì
难治，以其智多。故以智治国，国之贼；不以智治

guó guó zhī fú zhī cǐ liǎng zhě yì kǎi shì néng zhī kǎi shì shì wèi
国，国之福。知此两者，亦楷式。能知楷式，是谓

xuán dé xuán dé shēn yǐ yuǎn yǐ yǔ wù fǎn yǐ rán hòu nǎi zhì dà shùn
玄德。玄德深矣远矣，与物反矣，然后乃至大顺。

dì liù shí liù zhāng jiāng hǎi
第六十六章 江海

qiān bēi dī xià
谦卑低下

jiāng hǎi suǒ yǐ néng wéi bǎi gǔ wáng zhě, yǐ qí shàn xià zhī, gù néng wéi
江海所以能为百谷王者，以其善下之，故能为
bǎi gǔ wáng. shì yǐ shèng rén yù shàng mín, bì yǐ yán xià zhī; yù xiān mín,
百谷王。是以圣人欲上民，必以言下之；欲先民，
bì yǐ shēn hòu zhī. shì yǐ shèng rén chù shàng ér mín bú zhòng, chù qián ér mín bú
必以身后之。是以圣人处上而民不重，处前而民不
hài, shì yǐ tiān xià lè tuī ér bú yàn. yǐ qí bù zhēng, gù tiān xià mò néng
害，是以天下乐推而不厌。以其不争，故天下莫能
yǔ zhī zhēng.
与之争。

dì liù shí qī zhāng　sān bǎo
第六十七章　三宝

cí ài zhī xīn
慈爱之心

tiān xià jiē wèi wǒ dào dà, sì bú xiào. fū wéi dà, gù sì bú
天下皆谓我道大，似不肖。夫惟大，故似不
xiào. ruò xiāo, jiǔ yǐ qí xì yě fū! wǒ yǒu sān bǎo, bǎo ér chí zhī:
肖。若肖，久矣其细也夫！我有三宝，保而持之：
yì yuē cí, èr yuē jiǎn, sān yuē bù gǎn wéi tiān xià xiān. fū cí, gù néng
一曰慈，二曰俭，三曰不敢为天下先。夫慈，故能
yǒng; jiǎn, gù néng guǎng; bù gǎn wéi tiān xià xiān, gù néng chéng qì cháng. jīn
勇；俭，故能广；不敢为天下先，故能成器长。今
shě qí cí qiě yǒng, shě qí jiǎn qiě guǎng, shě qí hòu qiě xiān, sǐ yǐ. fū
舍其慈且勇，舍其俭且广，舍其后且先，死矣。夫
cí, yǐ zhàn zé shèng, yǐ shǒu zé gù. tiān jiàng jiù zhī, yǐ cí wèi zhī.
慈，以战则胜，以守则固。天将救之，以慈卫之。

dì liù shí bā zhāng　bù zhēng
第六十八章　不争

zuì jiā yǒng shì
最佳勇士

shàn wéi shì zhě bù wǔ, shàn zhàn zhě bú nù, shàn shèng dí zhě bù zhēng,
善为士者不武，善战者不怒，善胜敌者不争，
shàn yòng rén zhě wéi zhī xià. shì wèi bù zhēng zhī dé, shì wèi yòng rén zhī lì,
善用人者为之下。是为不争之德，是为用人之力，
shì wèi pèi tiān gǔ zhī jí.
是谓配天古之极。

dì liù shí jiǔ zhāng yòng bīng

第六十九章 用兵

zhēnzhèng de shèng lì

真正的胜利

yòng bīng yǒu yán wú bù gǎn wéi zhǔ ér wéi kè bù gǎn jìn cùn ér tuì
用兵有言：吾不敢为主而为客，不敢进寸而退
chǐ shì wèi háng wú xíng rǎng wú bì réng wú dí zhí wú bīng huò mò dà
尺。是谓行无行，攘无臂，仍无敌，执无兵。祸莫大
yú qīng dí qīng dí jǐ sàng wú bǎo gù kàng bīng xiāng jiā āi zhě shèng yǐ
于轻敌，轻敌几丧吾宝。故抗兵相加，哀者胜矣。

dì qī shí zhāng huái yù

第七十章 怀玉

wǒ de dào

我的道

wú yán shèn yì zhī shèn yì xíng tiān xià mò néng zhī mò néng xíng
吾言甚易知，甚易行。天下莫能知，莫能行。
yán yǒu zōng shì yǒu jūn fū wéi wú zhī shì yǐ bù wǒ zhī yě zhī wǒ
言有宗，事有君。夫惟无知，是以不我知也。知我
zhě xī zé wǒ guì yǐ shì yǐ shèng rén bèi hè huái yù
者希，则我贵矣。是以圣人被褐怀玉。

第七十一章　不病

知与不知

知，不知，上。不知，知，病。夫唯病病，是以不病。圣人之不病也。以其病病，是以不病。

第七十二章　畏威

爱惜自我

民不畏威，则大威至矣。无狭其所居，无厌其所生。夫唯不厌，是以不厌。是以圣人自知不自见，自爱不自贵。故去彼取此。

dì qī shí sān zhāng tiān wǎng
第七十三章 天网

yīn guǒ zhī wǎng
因果之网

yǒng yú gǎn zé shā, yǒng yú bù gǎn zé huó, cǐ liǎng zhě huò lì huò
勇于敢则杀，勇于不敢则活，此两者或利或
hài. tiān zhī suǒ è, shú zhī qí gù? shì yǐ shèng rén yóu nán zhī. tiān zhī
害。天之所恶，孰知其故？是以圣人犹难之。天之
dào, bù zhēng ér shàn shèng, bù yán ér shàn yìng, bú zhào ér zì lái, tǎn rán
道，不争而善胜，不言而善应，不召而自来，坦然
ér shàn móu. tiān wǎng huī huī, shū ér bú lòu.
而善谋。天网恢恢，疏而不漏。

dì qī shí sì zhāng sī shā
第七十四章 司杀

bào zhèng zhī yī
暴政之一

mín bú wèi sǐ, nài hé yǐ sǐ jù zhī? ruò shǐ rén cháng wèi sǐ, ér
民不畏死，奈何以死惧之？若使人常畏死，而
wéi qí zhě, wú dé zhí ér shā zhī, shú gǎn? cháng yǒu sī shā zhě shā. ér
为奇者，吾得执而杀之，孰敢？常有司杀者杀。而
dài sī shā zhě shā, shì wèi dài dà jiàng zhuó. fū dài dà jiàng zhuó, xī yǒu bù
代司杀者杀，是谓代大匠斫。夫代大匠斫，希有不
shāng qí shǒu yǐ.
伤其手矣。

dì qī shí wǔ zhāng guì shēng
第七十五章 贵生

bào zhèng zhī èr
暴政之二

mín zhī jī yǐ qí shàng shí shuì zhī duō yě shì yǐ jī mín zhī nán
民之饥，以其上食税之多也，是以饥。民之难
zhì yǐ qí shàng zhī yǒu wéi yě shì yǐ nán zhì mín zhī qīng sǐ yǐ qí
治，以其上之有为也，是以难治。民之轻死，以其
shàng qiú shēng zhī hòu yě shì yǐ qīng sǐ fū wéi wú yǐ shēng wéi zhě shì xián
上求生之厚也，是以轻死。夫唯无以生为者，是贤
yú guì shēng
于贵生。

dì qī shí liù zhāng róu ruò
第七十六章 柔弱

róu yǔ gāng
柔与刚

rén zhī shēng yě róu ruò qí sǐ yě jiān qiáng wàn wù cǎo mù zhī shēng yě
人之生也柔弱，其死也坚强。万物草木之生也
róu cuì qí sǐ yě kū gǎo gù jiān qiáng zhě sǐ zhī tú róu ruò zhě shēng zhī
柔脆，其死也枯槁。故坚强者死之徒，柔弱者生之
tú shì yǐ bīng qiáng zé bú shèng mù qiáng zé gǒng qiáng dà chù xià róu ruò
徒。是以兵强则不胜，木强则拱。强大处下，柔弱
chù shàng
处上。

dì qī shí qī zhāng tiān dào

第七十七章 天道

zhōng dào de wēi miào

中道的微妙

tiān zhī dào qí yóu zhāng gōng hū gāo zhě yì zhī xià zhě jǔ zhī
天之道，其犹张弓乎！高者抑之，下者举之，
yǒu yú zhě sǔn zhī bù zú zhě bǔ zhī tiān zhī dào sǔn yǒu yú ér bǔ bù
有余者损之，不足者补之。天之道，损有余而补不
zú rén zhī dào zé bù rán sǔn bù zú ér fèng yǒu yú shú néng yǐ yǒu yú
足；人之道则不然，损不足而奉有余。孰能以有余
fèng tiān xià wéi yǒu dào zhě shì yǐ shèng rén wéi ér bú shì chéng gōng ér fú
奉天下？唯有道者。是以圣人为而不恃，成功而弗
jū qí bú yù jiàn xián yē
居，其不欲见贤耶。

dì qī shí bā zhāng shuǐ dé

第七十八章 水德

róu ruò de yì chù

柔弱的益处

tiān xià mò róu ruò yú shuǐ ér gōng jiān qiáng zhě mò zhī néng xiān
天下莫柔弱于水，而攻坚强者，莫之能先，
yǐ qí wú yǐ yì zhī yě gù róu zhī shèng gāng ruò zhī shēng qiáng tiān xià mò
以其无以易之也。故柔之胜刚，弱之胜强，天下莫
bù zhī mò néng xíng shì yǐ shèng rén yún shòu guó zhī gòu shì wèi shè jì
不知，莫能行。是以圣人云：受国之垢，是谓社稷
zhǔ shòu guó zhī bù xiáng shì wèi tiān xià wáng zhèng yán ruò fǎn
主；受国之不祥，是谓天下王。正言若反。

第七十九章　左契

上天的德性

和大怨，必有余怨，安可以为善？是以圣人执左契，而不责于人。故有德司契，无德司彻。天道无亲，常与善人。

第八十章　不徙

纯朴的世界

小国寡民，使有什佰之器而不用，使民重死而不远徙。虽有舟舆，无所乘之；虽有甲兵，无所陈之。使民复结绳而用之。甘其食，美其服，安其居，乐其俗，邻国相望，鸡犬之声相闻，民至老死，不相往来。

dì bā shí yī zhāng shǐ mìng
第八十一章 使命

yī líng
一〇

xìn yán bù měi měi yán bú xìn shàn yán bú biàn biàn yán bú shàn
信言不美，美言不信。善言不辩，辩言不善。
zhī zhě bù bó bó zhě bù zhī shèng rén bù jī jì yǐ wéi rén jǐ yù
知者不博，博者不知。圣人不积，既以为人己愈
yǒu jì yǐ yǔ rén jǐ yù duō tiān zhī dào lì ér bú hài shèng rén zhī
有，既以与人己愈多。天之道，利而不害。圣人之
dào wéi ér bù zhēng
道，为而不争。

上篇·道

（1—37章）

道德经 经文解读

第一章 道

○一

标题解读

道字，在章节解读中详述，此不赘言。○一，○即无极，一即太极。此两位数字，是全部《道德经》的主旨，亦是全部《易经》的精髓所在，是宇宙万有生生之本。

○一，旨在直指无极太极，直指真道，直指真性，旨在以数传道，以数明道，以数行道，以数成道。由此可知，不懂《易经》象数之道，很难懂得老子《道德经》，因《道德经》宗于《易经》。

全章经文

道，可道，非常道；名，可名，非常名。无，名天地之始；有，名万物之母。故常无欲，以观其妙；常有欲， 以观其徼。此两者同出而异名，同谓之玄，玄之又玄，众妙之门。

章节解读

1.【道，可道】道是什么？道是宇宙天地万物未形成前的真理，也是宇宙虚空之间，一切有形世界与无形世界的总能源。因其无相无形，故人类难以用语言与文字去形容它。可是，世人却偏偏喜欢以语言或文字，去表达这个道，而且说得很多。

2.【非常道】用语言文字所表达的道，只是口头之道而已。因为道，是实行的，非空讲的，如果可以讲出来，或是形容出来，即非真道，更非永恒不变之道。因为讲出来的道，只是形容描述而已，与事实毕竟有相当差距。

譬如，画一个人的肖像，你就是巧夺天工，画得跟真人一样，毕竟还不是真人，这就是本来面目与形容描写的差距。可是，世人就是这么顽固，喜欢门户之争，都去强调我们才是道，你们不是道，由此造成人与人之间、宗教与宗教之间的矛盾与冲突。释迦牟尼佛在金刚经中说：我说法四十九年，实在是没有说法的，如果你们以后讲，我有说法，就是在毁谤我。由此可知，释迦牟尼佛对道的体悟，也是难以使用言语代替的。所以修行的人，如果自己不去体悟和力行大道，只想依靠别人的说辞，或只是一味读背经典，像这样的了解，还是离道甚远。

3.【名，可名】名，是指宇宙万物未形成以前的名字。没有名字，才是真正永恒不变的名字，一旦到了宇宙万物变成有形体之时，人类就会给它立名。可是，这只是人间的巧立名目而已。

4.【非常名】因万物常变易，而名字亦随其变化，并非永恒。譬如人，出生之后有名字，死亡之后，名字亦跟着死亡。

5.【无，名天地之始】所以说，无，是天地生成的本始。此天地之本始，即无极。

6.【有，名万物之母】有，是万物创生的根源，就像万物的母亲。此万物之母，即太极。

7.【故常无欲，以观其妙；常有欲，以观其徼】所以说，人的心灵，在一点欲望也没有的清净之时，才能观察到万物的本来面目；如果在心中充满欲望的躁动之时，所观察到的，只是万物的外表而已。

8.【此两者同出而异名，同谓之玄】以上人的两种心境不同，所观察到的事物就有不同的见解，这不是很玄吗？

9.【玄之又玄】在如此玄妙之下，如果我们再深入研究，便可得到更玄妙的问题。

10.【众妙之门】所以说，道这门学问，是所有玄妙之门中最玄妙的了。

全章解读

本章重在阐释，道是天地万物的总能源。道的造化之序即：由无生有，反之，以有归无。无即无极，有即太极。无生有，即无极生太极，即〇生一；有归无，即太极归无极，即一归〇。人只有私欲净尽，回归无欲之清净心，方可观察到道的真谛。

无极太极（〇一）生化示意图

【附】

自然（无极）

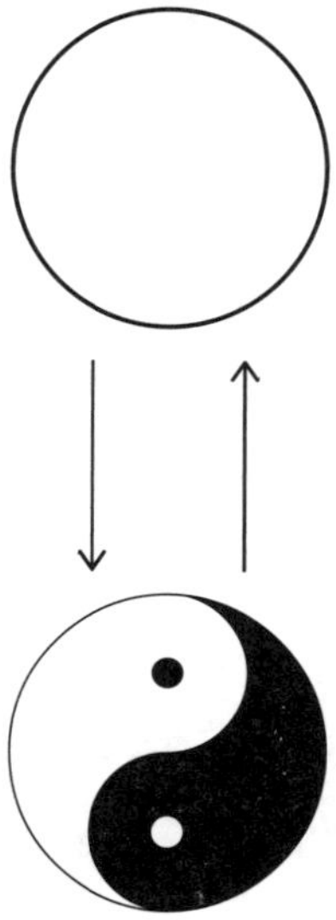

道（太极）

无极图为纯净光明之象，太极图为动静生阴阳之象，黑白环抱，如此可见太极之体及太极所生两仪之象。

习道之士，由后天阴阳之体，渐复于先天元气（〇）之时，当依此图证道。如在生时，情欲未除，不能逃于阴阳往复之道，即在生灭轮回之中。太极图即阴阳二气互为消长之象，若屏除物好，绝制情欲，不执阴阳两端，即不执善恶，充其性灵，致于中和，则由后天返于先天，即回归无极图浑然光明之象，即得一归〇，即一〇，即所谓返本复始、回归自然，皆在此二图中验证，其要义，重在由象数明道，故一〇为证道验证码。

第二章 中和阴阳

合二为一

标题解读

谁能中和阴阳二气，而合二为一，一归于〇，惟有中。标题旨在昭示用中之道，亦即人道后天返先天之道。

全章经文

天下皆知美之为美，斯恶已；皆知善之为善，斯不善已。故有无相生，难易相成，长短相形，高下相倾，音声相和，前后相随。是以圣人处无为之事，行不言之教。万物作焉而不辞，生而不有，为而不恃，功成而弗居。夫惟弗居，是以不去。

章节解读

1.【天下皆知美之为美，斯恶已】若想表现美，而虚伪巧扮，这种行为，还算美吗？

2.【皆知善之为善，斯不善已】若为表现善，才去做善，这种行为，还算善吗？

3.【故有无相生】因此，世间事物皆有对立两面，没有有的感觉，就没有无的感觉，故有无相对。

4.【难易相成，长短相形，高下相倾，音声相和，前后相随】所以难易相对，长短相对，高下相对，小声与大声相对，前与后相对。但对立两面又相反相成，且互相转化，不可执着一端，否则即失中道。

5.【是以圣人处无为之事，行不言之教】所以，圣人知道以上这些阴阳相对的道理之后，为了中和阴阳，超越相对，他就以中道的心处事。因为，只有中道才能使对立化为统一，使阴阳合二为一。这个中道就是不着善恶两端，所谓不着善恶，即不做恶，只作善，而做善亦如同未做。如此则无善恶分别之心，亦无怒恨怨恼烦，即不动性。所以他对人民的教化，就不以辩论的方式去实行，如同天地，虽四时运行不息，而它却无言。

6.【万物作焉而不辞，生而不有】他会学习天地的精神来培养万物，不辞辛劳，亦不自傲，更不视为己有。

7.【为而不恃，功成而弗居】因此，圣人以天地之德为榜样，做了无穷无尽利益万物的事，可是他做了就像自己没做一样。

因为圣人不居功，所以在大功告成之后，就功成身退，不去占有这个荣誉。如此为善而不着善，即是中道。中道在儒即至善，在佛即空性，在道即虚无，在易即太极。

8.【**夫惟弗居，是以不去**】他这样虚空般包容大量，连自己所建立的功德，都不去执着，因此，反而使他的功德，万古流芳。

全章解读

此章，重在阐述阴阳对立统一规律。阴阳对立而矛盾，统一之道，即用中道。唯中道能中和阴阳，使阴阳二气合二为一，一归于〇。

第三章 安民

无为之治

标题解读

标题主旨是欲治国安民，必行无为之治。即欲治理国家，使人民过上安定生活，最好的治理方法，莫过于无为而治，无为而治，则无所不治。

全章经文

不尚贤，使民不争；不贵难得之货，使民不为盗；不见可欲，使心不乱。是以圣人之治：虚其心，实其腹，弱其志，强其骨，常使民无知无欲。使夫知者不敢为也，为无为则无不治。

章节解读

1.【不尚贤，使民不争】在上位的人，如果不标榜自己尊大，就不会让人争取虚名地位。那么，人与人之间，就能达到和平相处。

2.【不贵难得之货，使民不为盗】如果不特别标榜珍藏难得之财货，人民就不会起贪念，而沦为盗贼。

3.【不见可欲，使心不乱】由上所知，如果不去贪着见那些足以让人起心动念的声色货利，心思就不会因受到外物的迷惑而乱。

4.【是以圣人之治：虚其心，实其腹】所以圣人治理天下的方法：首先，教人断除一切邪思妄念。因为能断除邪思妄念，身心才能神清气爽，精气神则充足，精气神充足即得道，得道即是实其腹。

5.【弱其志，强其骨，常使民无知无欲】其次，又教人消除高傲与自满的骨气及不择手段的竞争之心，能此，就能平息争端。再次，是增强人民的体魄，使人人自食其力，自力更生，坚定自强不息的精神。更教人民保持天真和谐的状态，又没有伪诈的心智及争夺的欲念。

6.【使夫知者不敢为也】如此教化人民，纵然有诡计多端的阴谋家，也不敢胡做非为。

7.【为无为则无不治】因此，照这样无为又安然的方法来治理天下，天下无有不治之理。

全章解读

此章，重在讲述人道无为之治。人居天地之中，中为太极所存，太极中道为天地之大本，亦为人道之极则。此极则即无为，无为则无所不为。

第四章 不盈

道的功用

标题解读

盈即满，满则溢，不盈即不满，不满则不溢，不满不溢，则为中道，中道为修道成道之大本。

全章经文

道冲，而用之或不盈。渊兮似万物之宗。挫其锐，解其纷，和其光，同其尘。湛兮似若存。吾不知谁之子？象帝之先。

章节解读

1.【道冲，而用之或不盈】道体虽空，而其所产生的能量，却能让万物取之不尽、用之不竭。

2.【渊兮似万物之宗】道的渊博广大，像万物的宗主。

3.【挫其锐，解其纷】道的本性，虚无弥漫，决不锋芒显露、争强好胜。因为它不与万物相争，所以它能解脱纷扰。

4.【和其光，同其尘】在光明与尘埃的地方，均有道的存在。

5.【湛兮似若存】在清静的地方，也有道的存在。可见道的妙用，是如何广大，而又变化无穷。难怪凡俗之人，难以观察它的迹象，只是说它好像存在。

6.【吾不知谁之子？象帝之先】道体如此的玄妙，在天地之间，又无迹可寻，所以我也不知它的来历，但是它应该在主宰万物的上帝之先就存在了。上帝为太极，即一，故上帝之先，为无极，即〇。

全章解读

此章明示，道的功用重在自然无为。自然（无极）为无，天地为有，太极在有无中间。太极为无极之终，为天地之始，故知太极即终即始，始终如一。太极一气，动则一分为二，静则合二为一，一归于〇，〇即无极。无极为道之体，太极为道之用。

第五章 守中

妙用九五

标题解读

太极本位在洛书九宫，则居于中五宫，亦即九五，九五自具后天阴阳，且通先天太极一气。故妙用九五，能中和阴阳二气，合二为一，一归于〇。由此可知，标题之守中及妙用九五，旨在开示人道，守中为修道成道之大根大本，为后天返先天之极则，为性命双修之关键。妙用九五，为全经宗旨所在。

全章经文

天地不仁，以万物为刍狗；圣人不仁，以百姓为刍狗。天地之间，其犹橐籥乎。虚而不屈，动而愈出。多言数穷，不如守中。

章节解读

1.【**天地不仁，以万物为刍狗**】天地真的不仁慈吗？为什么将万物当成祭祀用的草狗一样，用过之后，就不要了？

2.【**圣人不仁，以百姓为刍狗**】圣人真的不仁慈吗？为什么将天下百姓当成祭祀用的草狗一样，用过之后，就不要了？其实，天地化育万物，遍及一切，圣人博爱的精神也遍及一切，绝不存有偏狭之意、自私之心、分别之念。因此，万物的演化，完全是各随自己的因果，而感召来的福祸，岂能怪罪天地或圣人不仁慈呢？

3.【**天地之间，其犹橐籥乎。虚而不屈，动而愈出**】天地之间，就好像一个风箱，如果无人去摇动它，它就虚静无为，但是它生风的本性，依然不变，若有人去拉动它，风就自然会吹出来。

4.【**多言数穷**】天地与圣人的心境，是无为的。而凡人的思想，非左即右，不能恒守中道，常以为自己很聪明，妄作主张、固执己见，反而加速了自身的败亡，真是聪明反被聪明误。

5.【**不如守中**】与其有这些多余的做作，倒不如守住中和之道，譬如说：

（1）眼若不多看，肝木之气就充足，肝经则不病。

（2）耳若不多听，肾水之气就充足，肾经则不病。

（3）鼻若不多嗅，肺金之气就充足，肺经则不病。

（4）舌若不多说，心火之气就充足，心经则不病。

（5）身若不多动，脾土之气就充足，脾经则不病。

（6）意若不多思，真元之气就充足，精神则不病。

以上眼耳鼻舌身意六根，若能守中，身体中的五行之气，自然归于一元，即浊精自然化为元气，元气自然化为元神，元神自然归于虚无。这就是守中抱一的修身要诀，是治病之良方，是养生之妙法，是性命之关键，是成道之根本，是《道德经要义解读》一书之宗旨。学道之人，不可不知。

全章解读

此章，重在明示守中之道，言语虽简，其道至深。守中是治病养生、修身齐家、治国平天下、止于真境的根本，亦为儒释道易各家修行的共同基础所在。

第六章 谷神

太一真神

标题解读

谷神与太一真神，皆是对道或太极的称呼。谷神与太一真神，在人体即天性，即自性，即佛性。

全章经文

谷神不死，是谓玄牝。玄牝之门，是谓天地根。绵绵若存，用之不勤。

章节解读

1.【谷神不死，是谓玄牝】天地有无形的真神，人体有无形的元神，这都是虚无妙有的，视之不可见，听之不可闻，触之不可得，因为道并非物质，亦非精神。对此，《易经》称为太极，太极即太一，太一即主宰天地万有的真神，故又叫太一真神。太一真神，在人即天性，在佛即金刚不坏法身，在西教即上帝，而老子在此称谷神，称玄牝，即万物之母。

2.【**玄牝之门，是谓天地根**】万物之母，虽然毫无门路可寻，但是天地万物，无不从此而出，从此而入，因此，祂才是天地万物的根源。此天地根，即易之太极。如易传所曰：易有太极，是生两仪，两仪生四象，四象生八卦。乃至八八六十四卦，三百八十四爻，一万一千五百二十数，无不从此太极一气而出；反之，万归八，八归四，四归二，二归一，一即太极。

3.【**绵绵若存，用之不勤**】所以，妙有之门，至虚至无，取之不尽，用之不竭。如此变化玄妙，不是现在才有，而是无始就有。

全章解读

此章，重在阐明万物之母。万物之母，即易之太极。太极为道，非先天之无，亦非后天之有，但其可以致无，亦可以致有；祂是无与有之中介，超然独立，既不能执其无，亦不能执其有。

天地人及万物，皆由太极而始而终。此太极为先天之终，为后天之始，为先天与后天之中。此中，为天下之大本，为宇宙万有之总能源。故不知太极，即不知本，忘此太极，即忘本。本立而道生，忘本岂能得道，岂能得生！

第七章 无私

无私心得真心

标题解读

无私，即无私心，无私心为因，得真心为果。标题旨在昭示修心妙法，即无私心得真心。

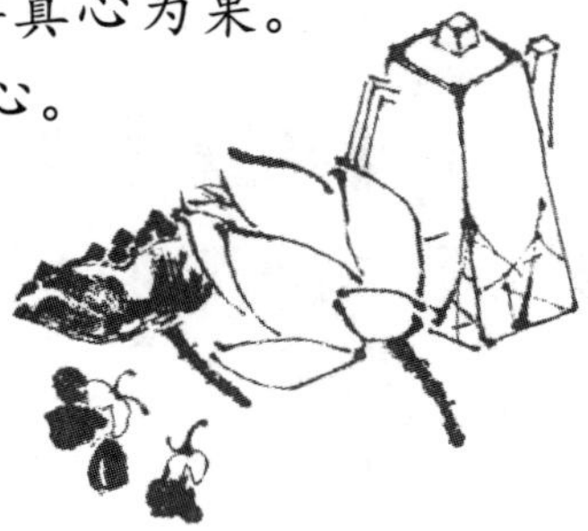

全章经文

天长地久。天地所以能长且久者，以其不自生，故能长生。是以圣人后其身而身先，外其身而身存。非以其无私耶，故能成其私。

章节解读

1. 【天长地久。天地所以能长且久者，以其不自生，故能长生】天地为何能长久？因其不自己生长自己，而生长万物，不为自己，而为别人，所以天地能长生。

2.【是以圣人后其身而身先】因此，圣人明白这个道理之后，他就学习天地，将自己的事，放在后面，将别人的事，放于前面，可是他的灵性，却永远在凡人之上。

3.【外其身而身存】他虽然将自己置之度外，但是他的真我，反而长存。

4.【非以其无私耶，故能成其私】圣人没有私心，反而能成就他的崇高真性；等到身死后，他的真性永超三界，不再受六道轮回之苦，还受到后人的敬仰。这就是圣人无私心，反而得圣道的妙处。

全章解读

此章，重在教人效法天地之道而归真。人心不真，因其有我，有我即有私，有私即有欲。有私欲之心，就遮蔽真心，故转化私心，立见真心。真心，就是无争无欲无我无为的清净心，就是舍己为人的大道心。

第八章 若水

上善若水

标题解读

此章标题，宗于《易经》九宫八卦之坎卦，坎卦居九宫之最下，为阴极生阳之位。若，即像，即柔顺。若水，即像水一样柔顺、不争、和合万物。上善若水，即指上等的善，就是学习水的柔顺性德。标题旨在以水喻人的天性，人若按照水的柔顺性德做人做事，即可明见天性，亦即见性成道。总之，标题重在开示修性之道。

全章经文

上善若水。水善利万物而不争。处众人之所恶，故几于道。居善地，心善渊，与善仁，言善信，政善治，事善能，动善时。夫唯不争，故无尤。

章节解读

1.【上善若水】世人都想学善，而上等的善是什么？那就是水的善德，比如：

（1）【水善利万物而不争】水利益万物、滋润万物，却不争名争利、争功争大。

（2）【处众人之所恶，故几于道】水善处众人所恶而又居卑下之地，故水最接地气，最近于道。

（3）【居善地】水无论居何地，皆能随处而安，真静自守。

（4）【心善渊】水之善德，渊深难测，为什么？因其能沉静，又能和合万物之用。

（5）【与善仁】水施养万物，出自仁爱，这就是它的仁慈。

（6）【言善信】水本无言，无言即真言，更是信言，如朔望之潮水，风雨无阻，皆能适时而来去，每天皆遵循大衍之数七七四十九变之周期规律，这就是水的信用。譬如文登南海潮汐规律：

初一满潮时间为 15:06 分；

初二满潮时间为 15:54 分；

初三满潮时间为 16:42 分；

初二满潮时间，减去初一满潮时间，即 15:54-15:06=48 分钟；

初三满潮时间，减去初二满潮时间，即 16:42-15:54=48 分钟。余者类推。各地潮汐规律，亦是如此。

（7）【政善治】水润万物，如同理政，遇热即升成雨露，多余就流入江河。如此生生不息的现象，不就是水善于处理政治的表现吗？

（8）【事善能】水在行事方面，皆能尽其所长，如行舟渡筏、滋润万物、煮饭烧菜洗衣，无不是水的善能。

（9）【动善时】水在举动方面，随圆就方，均合乎自然，如：水流到圆的地方，它就成为圆形；流到方的地方，它就成为方形；阴天的时候，就会下雨；晴天的时候，它就升华。人若能像水一样，不违背天时而行事，不妄做，不妄为，不妄言，这才是学习水的善德。

2.【夫唯不争，故无尤】尤其水，不与它物相争，所以它物也不与水相争，这就是水善和的表现。所以，人若能学水的涵养与和气，自然就不会有纷争。

全章解读

此章，以水为喻，重点开示低处有道。在易经，水为坎，坎为险，然坎水能处险而不险，是因为坎水有处险之道，即所谓能低矮，能柔顺，能和合，能守信，不争先，而处后，简言之，能守持中道。

第九章 持盈

为人之道

标题解读

此章标题，宗于九宫八卦之离卦，离卦居九宫之最上，为阳极生阴之位。持，即坚守、保持。盈，即满，满则溢，溢则损。持盈，旨在保持不自大，不自满。即告诫人们，为人处事，勿太过，当守中。

全章经文

持而盈之，不如其已。揣而锐之，不可常保。金玉满堂，莫之能守。富贵而骄，自遗其咎。功成名遂身退，天之道。

章节解读

1.【持而盈之，不如其已】为人之道，当知进退，当进则进，当退则退，凡事守中，适可而止，勿自夸自大。因为自满之人，如水满而溢，得不偿失，不如放下自大自满之心，而使得自己安逸。

2.【揣而锐之，不可常保】自恃聪明才智就锋芒显露之人，将会受到别人的排斥与打击，因此就不可能受到别人的拥戴与爱护。

3.【金玉满堂，莫之能守】金玉虽珍贵，但仍是身外之物，因此，纵然金玉堆积满堂，一旦命终，还得空守而去。所以修道之人，养性命之真常，才是真金真玉，才是用之不尽、取之不竭的宝藏。

4.【富贵而骄，自遗其咎】富贵之人，不生骄傲之心，必得他人恭敬；倘若贪恋富贵，又骄傲自得，必将遭人嫉妒，这又是自取祸殃的开始。然而，有德业方为富，有道行方为贵，有德与道，当自免其咎。

5.【功成名遂身退，天之道】所以，只有功成身退的人，才最合乎自然的天道。

全章解读

此章重在明示，人应坚守中道处事，即处事勿太过，过则招灾惹祸，故当看破富贵名利，守住真常之道。

第十章 玄德

修道难易

标题解读

玄德，玄即高深，玄德即指德性高深，玄妙难测。修道难易，即指修道之人，明道容易，而行道难，内求容易，外求则难。

全章经文

载营魄抱一，能无离乎？专气致柔，能婴儿乎？涤除玄览，能无疵乎？爱民治国，能无为乎？天门开阖，能为雌乎？明白四达，能无知乎？生之畜之，生而不有，为而不恃，长而不宰，是谓玄德。

章节解读

1.【载营魄抱一，能无离乎？】修道也难也易，因为，人心一外驰，魂魄就分离。在人体，肝藏魂，心藏神，肺藏魄，肾藏志，脾藏意；且肝魂生心神，即木生火，肺魄生肾志，即金生水。载营魄抱一，则指金木相并，金木相并，即如同坎离成水火既济之功。那么，如何能保持心不外驰、意不散乱，而载营魄抱一呢？

2.【专气致柔，能婴儿乎？】如何能专守先天元气，如婴儿赤子一样，保全天真柔和之本性呢？

3.【涤除玄览，能无疵乎？】如何能洗除贪执之心，自净其意，使心灵清净澄澈，而毫无瑕疵呢？

4.【爱民治国，能无为乎？】如何能在爱国家爱民族，或是治理国政之时，保持一种天真博爱、自然无为之心呢？

5.【天门开阖，能为雌乎？】人心为一身之主，如何能使一身之主，在喜怒哀乐、出入动静之时，经常守住安静柔弱呢？

6.【明白四达，能无知乎？】如何能在事物完全明白之后，还能保持不以聪明为骄傲，而守住无见无闻、无为无欲的境界呢？

7.【生之畜之，生而不有】以上道理，其实，都是让人学习天地，因为天地虽生长养育万物，但从不把万物当成私有。

8.【为而不恃，长而不宰，是谓玄德】天地生长养育万物，做了天下的事，仍然不认为自己是主人翁。像天地这种作为，便可称为最深、最厚、最高之妙德。

全章解读

此章，重在阐明无妄无欲无我无为，以此，守住中和之气，即守中抱一，以达中庸之道。

第十一章 虚中

无的妙用

标题解读

标题之主旨，即明示中道之妙用，中为天下大根大本，天地人三道，无不以中为用。天道守中，则能利而不害，地道守中，则能为而不争，人道守中，则能无为而为，无所不为。

全章经文

三十辐共一毂，当其无，有车之用。埏埴以为器，当其无，有器之用。凿户牖以为室，当其无，有室之用。故有之以为利，无之以为用。

章节解读

1.【三十辐共一毂，当其无，有车之用】把三十根辐条，插入车轮中空的轴心，车轮才有作用。

2.【埏埴以为器，当其无，有器之用】制造盛物的器具，要留个中空的地方，才能盛物。

3.【凿户牖以为室，当其无，有室之用】建造房屋，开凿门窗，要留个空间，才能住人。

4.【故有之以为利，无之以为用】所以说，有形之物，方便使用，无形空间，利于活动。如天与地之间是中空的，才能让万物通行无阻，若天地之间无中空之处，万物就不能活动与生化。此中空之理，若以人身比喻，则如下：

（1）目有虚灵而能视。

（2）耳有虚洞而能听。

（3）鼻有虚孔而能嗅。

（4）口有虚空而能尝。

（5）意有虚魂而能思。

（6）心有虚窍而能应。

因此，天地万物皆以虚中之气为本，即皆以太极一气为本。

全章解读

此章，宗于易先天八卦图。先天八卦图八方之卦皆为有，唯有中间是虚空。八卦之中空，如车轮之轴心，而八卦则如辐条，代万物。此说明无生万有，万有归无，无是万有之主宰。修道之人，当以虚中之气为用。此虚中之气，在道即虚无，在佛即空性，在儒即止，在易即太极。简言之，虚中之气即中道，即不动性。

【附】先天八卦图

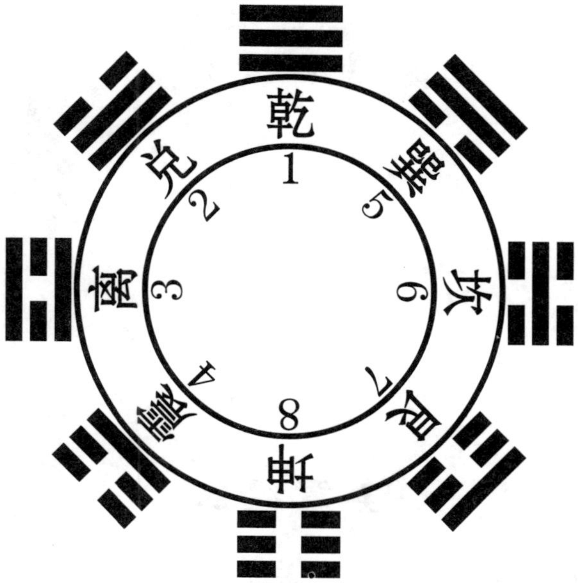

第十二章 为腹

舍外求内

标题解读

为腹，腹指虚中之气，指道。舍外求内，指道在自身，勿向外求，当反求一身。

全章经文

五色令人目盲；五音令人耳聋；五味令人口爽；驰骋畋猎，令人心发狂；难得之货，令人行妨。是以圣人为腹不为目，故去彼取此。

章节解读

1.【五色令人目盲】追求外在的形色，将离去本性的灵明。眼睛有追逐色相的妄能，一旦遇到外境色相，就产生视觉，同时引发意识妄想，意识妄想就会流逸奔驰，而遮障天性灵明。因此，贪求五色，会使人的本性趋于迷盲。

2.【五音令人耳聋】贪求外在的声色，也会使人本性蒙蔽。耳朵有追逐外在声音的妄能，一旦遇到外境声音，就产生听觉，同时引发意识妄想，蒙蔽本性，而正法的声音，就难以听入心灵之中，这不就像是耳聋吗？

3.【五味令人口爽】贪求外在食物的滋味，本性便被味觉所惑。舌头有追逐滋味的妄能，一旦遇到外在滋味，就产生味觉，同时引发意识妄想，流逸奔放，蒙蔽本性。而不知本性之中，淡中有味，如孔圣曰“饭疏食饮水，而乐在其中矣”，此即真味。

4.【驰骋畋猎，令人心发狂】人若无所事事，每天骑着马，追逐鸟兽打猎竞技，就会使自己疯狂于斗争之心，导致身心不宁，而迷失天赋之本性。

5.【难得之货，令人行妨】珍藏宝物会使人物欲增强，障碍天性，而且过分虚荣的人，往往会不顾节操，以致身败名裂。

6.【是以圣人为腹不为目，故去彼取此】因此，圣人知道物欲之害，就不强求外在物质的享受，而一心一意常养性中之腹饱，不因外物而乱心，故去彼取此，即去情复性。

全章解读

此章，重在强调舍外求内，去情返性，回归中道，善用六根，保养中气，可与第五章同参。又，此章六根着六尘之理，同于佛之《楞伽经》《楞严经》。

第十三章 宠辱

宠爱与羞辱

标题解读

宠爱与羞辱，宠爱不喜，羞辱不惊，即是中道。

全章经文

宠辱若惊。贵大患若身。何谓宠辱若惊？宠为上，辱为下，得之若惊，失之若惊，是谓宠辱若惊。何谓贵大患若身？吾所以有大患者，为吾有身。及吾无身，吾有何患！故贵以身为天下者，可以寄天下；爱以身为天下者，可以托天下。

章节解读

1.【宠辱若惊】世人因注重宠爱与羞辱的分别，所以，一旦遇到宠或辱，就惊慌失措。

2.【贵大患若身】而圣人不同，他对待别人给自己的宠爱，像我们有身体这个祸患一样。因为，人身是由水火土风四大假合而成，幻灭无常，非如真性永恒。

3.【何谓宠辱若惊？宠为上，辱为下，得之若惊，失之若惊，是谓宠辱若惊】为何宠爱及羞辱会让人感到惊慌呢？因为得到宠爱就好像得到功名富贵一样，人们唯恐失去，而受到羞辱就好像被革职一样，会受人嘲笑，故宠辱若惊。

4.【何谓贵大患若身？吾所以有大患者，为吾有身。及吾无身，吾有何患】为何有身体是祸患呢？因为，人有此身，则执着幻身为实，便有不良嗜好，即吃喝嫖赌吸，不良嗜好则引发贪欲，即贪嗔痴慢疑，贪欲则引发脾气，即怒恨怨恼烦；脾气一起，如云蔽日，天性即失，则偏离中道，故有生老病死及六道轮回之苦。所以，圣人视身如患，更将宠爱与羞辱，看成与身一样，同为祸患。若不执着幻身，则我有何患呢？

5.【故贵以身为天下者，可以寄天下】所以，有道之人，虽得到尊贵的地位，但他不视为自己的荣耀。因为他以己之尊贵，视同天下人之尊贵，以己之荣耀，视同天下人之荣耀。如此有道之人，才可以把天下交给他。

6.【爱以身为天下者，可以托天下】因此，若爱惜己身，不是为了贪享荣华富贵，只是为了拯救天下众生的大任务，而不使身成为欲望的源泉，以这样爱身的态度爱天下，就可以将天下托付给他。

全章解读

此章重在说明，身虽幻假不实，但可借假修真，以对己身的爱戴，去仁爱天下人，则天将降大任于斯人。

第十四章　道纪

无相无声无形

标题解读

标题重在开示无相无形之自然大道。

全章经文

视之不见，名曰夷；听之不闻，名曰希；搏之不得，名曰微。此三者不可致诘，故混而为一。其上不皦，其下不昧。绳绳不可名，复归于无物。是谓无状之状，无象之象，是谓惚恍。迎之不见其首，随之不见其后。执古之道，以御今之有。能知古始，是谓道纪。

章节解读

1.【视之不见，名曰夷】看不见的东西，就叫无相。

2.【听之不闻，名曰希】听不见的声音，就叫无声。

3.【搏之不得，名曰微】摸不着的东西，就叫无形。

4.【此三者不可致诘】以上三样，无相无声无形，就是道体的微妙，所以看不见、听不到、又摸不着，这就是道体的不可思议之处。

5.【故混而为一】虽然无相无声无形的理论可以分开说，而道的本体，却是混合为一。

6.【其上不皦，其下不昧】有形世界，阴阳相反，有明就有暗，如上明则下暗。而道体的微妙则不同，其上不明，其下不暗。

7.【绳绳不可名，复归于无物】道绵绵不绝，充塞天地间，似乎有物，又难以立言，不可称名。因其非常虚无，虽生长万物，而又不认为是自己生长的。

8.【是谓无状之状，无象之象】这就是没有形状的形状，没有物体的物体。

9.【是谓惚恍】所以说，道体恍惚不定，似有似无。

10.【迎之不见其首，随之不见其后】为何会如此呢？因为，你想在前迎接道体，根本看不到它的前头，你想跟随其后，但还是看不到它的后尾。

11.【执古之道，以御今之有】因此，圣人就是秉持着，这古始以来就存在的道，去治理世间的万有。

12.【**能知古始，是谓道纪**】所以，能够知晓古始之道的人，就是知晓道的系统的人，因为这个系统，就是道的纲纪。

全章解读

此章，重在讲述道体。道体即无为，譬如，不作恶，只作善，作善亦如同未作，能此，即是无为。无为即可治理世间万有，即无为而为，无所不为。

第十五章 不盈

古代有道之士

标题解读

此章宗于《易经》谦卦，谦卦之性德，即谦卑低下。不盈，即不骄傲自大、不自满，亦即以谦虚之道而为人处事。古代有道之士，即是如此。

全章经文

古之善为士者，微妙玄通，深不可识。夫唯不可识，故强为之容：豫兮若冬涉川，犹兮若畏四邻，俨兮其若客，涣兮若冰之将释，敦兮其若朴，旷兮其若谷，混兮其若浊。孰能浊以澄，静之徐清？孰能安以久，动之徐生？保此道者不欲盈。夫唯不盈，故能敝不新成。

章节解读

1.【古之善为士者，微妙玄通，深不可识】古时候的有道之士，他的灵性微细奥妙，他的本性永远通达，这都是凡人难以窥测、难以了解的玄机。

2.【夫唯不可识，故强为之容】古道之士的玄机，如此难以窥测，假若强要描述的话，也只能勉强形容而已。

3.【豫兮若冬涉川】古道之士，他们行事时，绝不急迫冲动，就像古时安稳、祥和的豫兽过河一样，必等到冬天，河水冰冻，才敢走过，否则，鲁莽过河，不等于自己送死吗？

4.【犹兮若畏四邻】古道之士，其慎独的工夫，就像古时的犹兽要下山一样地谨慎，不敢扰动山下村庄的百姓，否则，它的生命就危险了。

5.【俨兮其若客】因此，古道之士，他为人之恭敬谨慎，就像主人礼遇贵宾一样，不肯轻举妄动。

6.【涣兮若冰之将释】古道之士，其心性清静，则对一切外缘的干扰，心不染着，就好像春风中的冰雪，自然消融一样。

7.【敦兮其若朴，旷兮其若谷】古道之士，他本性纯厚，就好像尚未雕琢的木头，朴实无华；心胸开阔，就好像空旷的山谷，虚怀万物。

8.【混兮其若浊】古道之士，大智若愚，就像将自己混合在污水中一样。这就是圣人不自以为圣，故能成其圣，而凡人则自命不凡，反而成其凡的道理。

9.【**孰能浊以澄，静之徐清？**】所以，谁能像古道之士，在动荡之中，还能除去心中的浊水，而慢慢地澄清呢？

10.【**孰能安以久，动之徐生？**】谁能在久久安定自守中，以待体为的真阳之气发动呢？

11.【**保此道者不欲盈。夫唯不盈，故能敝不新成**】因此，能够保持以上道理之人，他一定是虚心知足、不自满、不自傲之人。因其不自满、不自傲，只为世人着想，反而使自己得到永生之道。

全章解读

此章，重在说明不盈。不盈的根本，重在慎独。慎独，即《易经》乾卦第三爻爻辞所曰终日乾乾、夕惕若厉之意，亦与《大学》之慎独，同一义。

第十六章 复命

致知的极点

标题解读

此章标题，宗于《易经》复卦。复卦之性德，即去情复性。复命，即回归天命，天命即天性，故复命即是回复天性。何以回复天性？必致知到极点，此即儒家之止于至善、中和诚明，亦即佛家之止观定慧，亦即易经寂然不动，亦即善道之不动性，亦即本书之得一归〇。

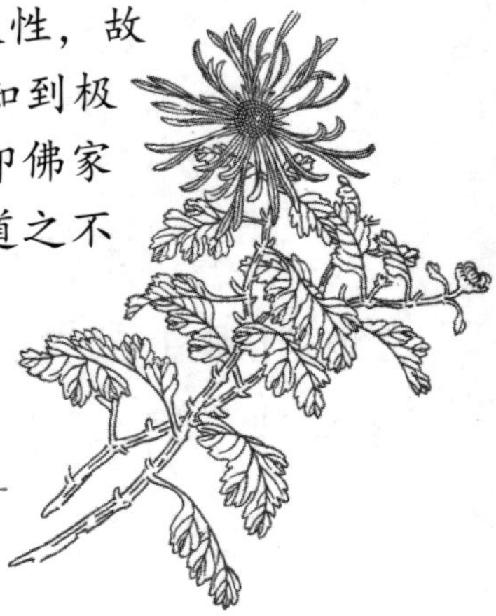

全章经文

致虚极，守静笃。万物并作，吾以观其复。夫物云云，各归其根。归根曰静，静曰复命，复命曰常，知常曰明。不知常，妄作，凶。知常容，容乃公，公乃王，王乃天，天乃道，道乃久，殁身不殆。

章节解读

1.【致虚极，守静笃】人若能致知，至虚无妙境、虚空妙有之时，便可达到智慧极点；进而，又能诚心守静，达到最高止境之时。

2.【万物并作，吾以观其复】那么，透过万物生长、孕育和死亡的过程，我们就能从无形的道体，观察到有形的物体，又能从有形的物体，观察到无形的道体。通过这些生生化化的过程，我们就会发现道的周而复始、循环不息的奥妙。

3.【夫物云云，各归其根。归根曰静，静曰复命】因此，万物虽然众多，最后仍要回归到生命的根源。根源叫静，静就是回复到真我。此真我即天命，天命之谓性，亦即不动性。

4.【复命曰常，知常曰明】复即回归，命即天命，天命即性，性即道，道即常，常即长生。知其长生，才算明白何为假我、何为真我。此明，同儒家大学明德之明，同中庸明诚之明，同佛家明心之明，同易经日月合明之明，此明为观照智慧。

5.【不知常，妄作，凶】不明白灵性不灭的人，皆是胡思乱想、异想天开之人，因此，容易轻举妄动。一旦妄动，就会招来凶灾。

6.【知常容，容乃公】珍惜真我，就能包容。能容人者，则不怨人，不怨人者，则心胸开朗。此即忘我无我，更是大公无私。

7.【公乃王，王乃天】大公无私的人，就会以挽救苍生为己任，此即圣人，所以圣人也称为王。既然是王，必然是顺天行事。

8.【天乃道，道乃久，殁身不殆】能顺天行事，即合自然之道。能合自然之道，即使假我的肉体死了，也不会入六道轮回。

全章解读

此章之复命，宗于易经复卦，即地雷复。地为静，雷为动，大地静极，自生震动。此时，地中一阳之气来复，则大地回春，万物复苏。在节气为冬至，由冬阴转春阳，在卦象，为由坤复乾，此即复卦之神功妙用。所以说，人修道，当师复卦。复卦之妙，在于坤静至极，而复乾之一阳，此在易则为复见天地之心。此章可与《易经》复卦同参。

此章之致知，宗于《易经》讼卦。此致知与儒家《大学》之致知，同一义。

第十七章 知有

四等国君

标题解读

标题之意， 一是治国的国君有四等。二是治国要自有为入无为，无为而为，则无所不为，这才是最上等的国君。

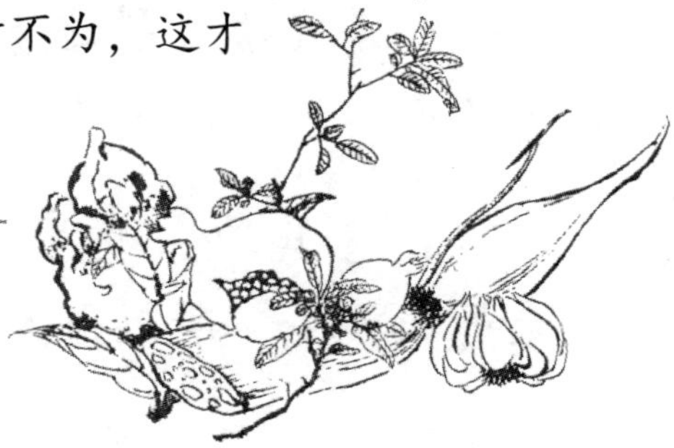

全章经文

太上，不知有之；其次，亲而誉之；其次，畏之；其次，侮之。信不足焉，有不信焉！悠兮其贵言，功成事遂，百姓皆谓我自然。

章节解读

1.**【太上，不知有之】**上古之时，上等有德圣君，行不言之教，处无为之事，使天下百姓，不知不觉而自化。如此，人民虽暗受圣君的恩赐，但不知道有圣君的存在。

2.**【其次，亲而誉之】**其次之时，中等贤明国君，纯朴无为，以德教化百姓、亲近百姓，还能得到天下百姓的称颂。

3.**【其次，畏之】**再其次之时，下等国君，他以刑政与赏罚，去治理百姓，此时的百姓，只知道畏惧国君。

4.**【其次，侮之】**最下等的国君，无道无德，他只会以权术愚弄人民，所以，人民就开始轻视侮辱国君。

5.**【信不足焉，有不信焉】**为何如此？因为这类国君，本身诚信不足，所以，人民也就不相信他。

6.**【悠兮其贵言】**因此，欲达上古纯朴治世之道，国君首当贵重他的号令，诚信他的语言。

7.**【功成事遂，百姓皆谓我自然】**使人民都能安居乐业，日出而作，日落而息，凿井而饮，耕田而食，人人都能顺利做好自己，国君如此治世，才算大功告成。功成之后，人民还是不晓得这是国君的功劳，反说这是自然的。能如此治世，才是上等无为的国君。

全章解读

此章重在阐明，国君贵在顺其自然，无为而治，无为而治，则无所不治。

第十八章 四有

仁义与孝慈

标题解读

四有，是对人道法运的精准概括和总结。

全章经文

大道废，有仁义。智慧出，有大伪。六亲不和，有孝慈。国家昏乱，有忠臣。

章节解读

1.【大道废，有仁义】大道难行之时，方显仁义可贵；大道普行之时，反不显仁与义。如上古之时，人心纯朴，顺天行事，大道普行；到中古之时，大道渐渐难行于世，因此，至圣孔子看到大道就要废弃之时，便大力提倡仁义。这就是大道废，而仁义出的道理。

2.【**智慧出，有大伪**】一旦到了科学愈加发达，社会愈加文明，人心愈加奸巧虚伪之时，人民便不再遵守仁义道德。因此，投机取巧、欺诈攻讦之事，就会层出不穷。当今之世，足以证明，老子此言，真实不虚。

3.【**六亲不和，有孝慈**】当六亲和合之时，虽然有孝慈之人，但因六亲祥和，则不知谁是孝慈之人。一旦六亲不和，倘若有人能守孝慈，此即难能可贵，就显出此人的孝慈。

4.【**国家昏乱，有忠臣**】国家有忠臣，必有奸臣，在天下太平之时，就显不出谁忠谁奸。一旦国家战乱，奸臣则以己私利，卖国求荣，而忠臣便尽其天下为公之心，舍身报国，成就万古不朽的忠臣之名。因此说，国家昏乱有忠臣。

全章解读

此章说明，道之体，恒久不易，道之用，因时而变。仁义孝慈，适于乱世；世道已治，人皆仁义孝慈，亦无所谓仁义孝慈。当今时代，将要回归以道治世之时，节点在2025年。

第十九章 朴素

回复纯真

标题解读

朴素即太极、即一，纯真，纯真即无极、即〇。标题之主旨，即得一归〇。

全章经文

绝圣弃智，民利百倍；绝仁弃义，民复孝慈；绝巧弃利，盗贼无有。此三者，以为文不足，故令有所属：见素抱朴，少私寡欲。

章节解读

1.【**绝圣弃智，民利百倍**】真正的圣人，不自以为圣，如至圣先师孔子，在世之时，以圣人之行，但不以圣人自居，反而使其圣名长久。圣人能弃除智巧之心，顺其自然，反而能够让人民学习他的言行，这对人民来说，是利益百倍。

2.【**绝仁弃义，民复孝慈**】力行仁义，也是如此，不必标榜自己能够如此，人人才能回复到孝慈的自然本性。

3.【**绝巧弃利，盗贼无有**】人人都不以奸巧的手段，去骗人取利，他人就不会起盗贼之心。

4.【**此三者，以为文不足，故令有所属**】以上三种理论，有人认为多余，因为俗世文章，难以感化天下，所以，老子就另传一种道理，来教导天下的百姓。

5.【**见素抱朴，少私寡欲**】就是持守朴素，减少私心，寡除欲望，回复纯真本性。

全章解读

此章，重在说明朴与素。朴与素，合之为朴素，一指纯净天性，二指素位而行。

第二十章 食母

万物一体

标题解读

食母，即守道。母，指万物之母，即太极即一，即天性。万物之母，生化天地万物，故万物无不与母合为一体。标题旨在说明守中抱一之道。

全章经文

绝学无忧。唯之与阿，相去几何？善之与恶，相去若何？人之所畏，不可不畏。

荒兮，其未央哉！众人熙熙，如享太牢，如春登台。我独泊兮，其未兆，若婴儿之未孩。

儽儽兮，若无所归！众人皆有余，而我独若遗。

我愚人之心也哉，沌沌兮！俗人昭昭，我独昏昏。俗人察察，我独闷闷。

澹兮其若海，飘兮若无所止。众人皆有以，我独顽似鄙。我独异于人，而贵食母。

章节解读

1.【绝学无忧】断绝心机、巧智之学，就会使人内心平静，不受困扰。

2.【唯之与阿，相去几何？】在对话之间，恭敬地应答“唯”和怠慢地回答“阿”，这两句话同是声音，相差有多少呢？

3.【善之与恶，相去若何？】虽然相差没有多少，可是在人听来的感受就不同了。从恭慢之差，到善恶之别，又相差多少呢？

4.【人之所畏，不可不畏】所以，只是一句话的回应，善恶就格外分明。每个人都觉得畏惧的事情，我也不能不畏惧。

5.【荒兮，其未央哉】可是世人不修心性，心田宝地都已荒废，贪欲及怒恨怨恼烦的杂草到处丛生，却不去修剪。

6.【众人熙熙，如享太牢，如春登台】众人贪欲无厌的样子，就像要参加盛宴一样，跃跃欲试，又像春天登上高台，远眺风景一样地愉快。

7.【我独泊兮，其未兆，若婴儿之未孩】唯有我的心境，淡泊恬适，心清意定，就好像婴儿在母体的怀抱中。

8.【儽儽兮，若无所归】似动非动，无思无欲，也无烦恼，这种不沾染世俗的样子，好像无所归的游子。

9.【**众人皆有余，而我独若遗**】不像世人，经常志得意满，尤其在追求功名利禄之时，就像有用不完的才能。而我的才能，就好像遗失，心中空空洞洞。

10.【**我愚人之心也哉，沌沌兮！俗人昭昭，我独昏昏。俗人察察，我独闷闷**】我真像愚人，是那么无知无识，浑浑沌沌。世人的眼目，谋虑多端，就好像很精明锐利的样子；唯有我昏昏昧昧，像无知的小孩。世人表现出斤斤计较的样子，很会分别；唯有我像没有知识的人，不知道如何去分别计较。

11.【**澹兮其若海，飘兮若无所止**】我的心恬淡宁静，就像大海一样深阔广大，像风一样飘摇自在，不执着一定的住所。

12.【**众人皆有以，我独顽似鄙**】世人都仗恃自己的聪明才智，自认很有作为；而我呢，就像一位愚顽又鄙陋的粗人。

13.【**我独异于人，而贵食母**】唯我与世人不同，是因为，我一心重道，视万物为一体，如同需要时时吸食母奶的婴儿，得到母奶，性命可全，失去母奶，性命难保。

全章解读

此章主旨，重在食母。此母，以母奶为喻，实为太极。太极为万物之母，此母即道。

第二十一章 从道

宇宙大能量

标题解读

从道，即顺道、行道。道为何物？即宇宙大能量。标题之主旨，即行道则可接通宇宙大能量。

全章经文

孔德之容，唯道是从。道之为物，唯恍唯惚。

惚兮恍兮，其中有象，恍兮惚兮，其中有物。

窈兮冥兮，其中有精，其精甚真，其中有信。

自古及今，其名不去，以阅众甫。吾何以知众甫之然哉？以此。

章节解读

1.【孔德之容，唯道是从】欲洞悉德的真实面目，唯有从道体之中，才能找出答案。

2.【道之为物，唯恍唯惚】道体究竟是什么呢？它本自无形无象，恍恍惚惚，说有又无，说无又有，即有即无，非有非无，不可执于有无。

3.【惚兮恍兮，其中有象】可是，恍惚之中，它又具备一切的形象。

4.【恍兮惚兮，其中有物】恍惚之中，它又包涵了天地一切万物。

5.【窈兮冥兮，其中有精】它既长远，又幽深，在这长远幽深之中，又具有生命之源难以窥测的大能量。

6.【其精甚真，其中有信】其大能量，又真实不虚。天地若无此大能量，天地就不能悠久；人类若无此大能量，人类就不能生存；万物若无此大能量，万物就不能生长。而且其中又包涵了，应用不失其时的信验与循环不息的规律。

7.【自古及今，其名不去，以阅众甫】所以，从古至今，它一直存在，它的名字，也无消失，更无改变。如此迹象，足以让天下人，去体悟、去认识万物的本始。

8.【吾何以知众甫之然哉？以此】我何以发现这些奥妙呢？就是道，给我的启示。

全章解读

此章，重在明示太极本体。《易传》之易有太极一语，与本章同一义。太极本体，介于先天之无与后天之有之中，说无又有，说有又无，即有即无，非有非无，执其一端则不中。亦同于《金刚经》中之四句偈：即空即有，非空非有。又同六祖慧能之悟道偈，即：何其自性本自清净，何其自性本不生灭，何其自性本自具足，何其自性本无动摇，何其自性能生万法。总之，此章重在阐明宇宙之大能量，即道体。

第二十二章 抱一

不争而争

标题解读

抱一，即守一。一即道，即太极，即天性。何以抱一？即不争。不争为地道法则，地道不争之德，能顺天不息之行。人道如此，则人合地，地合天，天合一，一合〇，即得一归〇。

全章经文

曲则全，枉则直；洼则盈，敝则新；少则得，多则惑。是以圣人抱一为天下式。

不自见，故明；不自是，故彰；不自伐，故有功；不自矜，故长。

夫唯不争，故天下莫能与之争。古之所谓曲则全者，岂虚言哉？诚全而归之。

章节解读

1.【曲则全，枉则直】能虚受委屈之人，心境一定非常完全；能涵受冤枉之人，心性一定坦荡率直。

2.【洼则盈，敝则新】能低心下气之人，心灵一定充盈圆满；能穿用破旧衣物的有德之士，心地一定非常清新。

3.【少则得，多则惑】少欲之人，反而得到的更多；凡贪求外在物质的人，其内心最迷惑。

4.【是以圣人抱一为天下式】因此，圣人心境充实不虚，他抱持着心的原点，即至善，即佛性，即太一，此足以为天下人的典范。

5.【不自见，故明；不自是，故彰】所以说，不固执己见，他的心才能明白；不自以为是，不认为自己全对，他的德性才能彰显。

6.【不自伐，故有功；不自矜，故长】不夸耀自己功德，才最有功德，因为他将功德保全于心性之中，没有遗漏；不夸耀自己才干的人，他的才干才能长久，因为他不骄不傲，会更永久受人尊敬。

7.【夫唯不争，故天下莫能与之争】因其与人无争，所以，天下无人能与其争。

8.【古之所谓曲则全者，岂虚言哉？诚全而归之】因此，古人所说委屈就是完全的道理，难道是虚伪之言吗？所以说，能够时时诚于中的人，天下自然就归心于他。

全章解读

此章主旨，即是抱一。何为抱？抱即持守。何为一？一在天曰道，在人曰性，在《易》曰太极，在儒之《大学》则曰止于至善，在《中庸》则曰中和诚明，在佛经则曰止观定慧。

第二十三章 同道

自然之道

标题解读

同道，即和合。能与众人和，即自然之道。

全章经文

希言自然。飘风不终朝，骤雨不终日。孰为此者？天地。天地尚不能久，而况于人乎？

故从事于道者，道者同于道；德者同于德；失者同于失。同于道者，道亦乐得之；同于德者，德亦乐得之；同于失者，失亦乐得之。

信不足焉，有不信焉。

章节解读

1.【希言自然。飘风不终朝，骤雨不终日】减少争辩，合乎自然。狂风刮不了一早晨就停息，暴雨下不了一天即终止。

2.【孰为此者？天地。天地尚不能久，而况于人乎？】谁刮的狂风？谁下的暴雨？是天地。道大于天，天大于地，地大于人。天地如此之大，若不顺乎自然而为，尚不能长久，更何况我们小小的人呢？

3.【故从事于道者，道者同于道】所以说，修道之人，如果面对有道之人，我们就互相研讨道。

4.【德者同于德，失者同于失】如果面对有德之人，我们就以德互相勉励；如果面对失意的世俗之人，我们就以慈悲之心去安慰他。

5.【同于道者，道亦乐得之】能此，你跟有道之人在一起，有道之人，也感到很快乐。

6.【同于德者，德亦乐得之】你跟有德之人在一起，有德之人，也感到很快乐。

7.【同于失者，失亦乐得之】你跟失意的世俗之人在一起，失意之人，也感到很快乐。

8.【信不足焉，有不信焉】因为，无形的道，微妙深远，可是，有些人道心不足，有些人根本不信，所以，你就是强辩，也是没用。

全章解读

此章主旨，重在阐明中和之道。以中道合万有，万有无不和。

第二十四章 不处

多余的贪吃

标题解读

不处，即不贪、不执着。多余的贪吃，即贪着，执着。标题之主旨，旨在止戒。

全章经文

跂者不立，跨者不行，自见者不明，自是者不彰，自伐者无功，自矜者不长。其于道也，曰余食赘行，物或恶之，故有道者不处。

章节解读

1.【跂者不立】凡是翘起脚尖，脚跟不着地的人，反而站立不稳，这种人不能出人头地。

2.【跨者不行】凡是跨大步，想走快的人，反而走不远就要累了。

3.【自见者不明】因此，以私我之见，而好表现的人，反而令人唾弃，更让人觉得，他心性不清明。

4.【自是者不彰】以为自己的意见全对的人，反而让人不敢苟同，致使自己的意见，不能得到彰显。

5.【自伐者无功】自我称功的人，反而让人觉得，他好炫耀，而让人怀疑他所说的功劳。

6.【自矜者不长】经常夸耀自己本事的人，同样让人否定他的能力，因为他骄傲的缺点，已显露无疑，还能有何长处。

7.【其于道也，曰余食赘行】以道而论，以上这些争强好胜的行为，犹如吃饱了还要强吃，这不是多余的贪吃吗？

8.【物或恶之，故有道者不处】上述行为，动植物类尚且讨厌，更何况我们是万物之灵的人类，因此，有道之人，不会如此。

全章解读

此章，主要明示人勿自我太过。过则失中，失中则失道。

第二十五章 混成

道的真谛

标题解读

混成，即阴阳 合一，其在数即一，在象即太极，即虚中之气，即万物之母，即宇宙总能源，亦即道的真谛！

全章经文

有物混成，先天地生。寂兮寥兮，独立而不改，周行而不殆，可以为天下母。

吾不知其名，字之曰道，强为之名曰大。大曰逝，逝曰远，远曰返。

故道大，天大，地大，王亦大。域中有四大，而王居其一焉。人法地，地法天，天法道，道法自然。

章节解读

1.【有物混成，先天地生】道的真谛，本来无名，但我们相信，祂是一个大混成物，也即是天地未分之前的太极。祂在天地未分之前即有，所以是，先天地而生。

2.【寂兮寥兮，独立而不改】祂无声无相，超然于万物之上，因此祂亘古不改。

3.【周行而不殆，可以为天下母】而且祂周行天下，循环不息，天地万物，没有一样不靠祂而生生化化，故可说，祂是天下万物之母。

4.【吾不知其名，字之曰道，强为之名曰大】我不知道怎样称呼祂，只好给祂起个名字，叫做道。如果再勉强起个名字，就应称为大。

5.【大曰逝】大到没有极限，就是消逝，所以这个大，也非最恰当之名，应称为逝。

6.【逝曰远】消逝到极限，就是很远，所以这个逝，也非最恰当之名，应称为远。

7.【远曰返】到很远之地，又能返回，所以这个远，也非最恰当之名，应称为返。

8.【故道大，天大，地大，王亦大】因此，能够生天生地、生人生万物的道，最大。其次，是能够覆盖一切万物的天，他也大。再其次，是能够承载万物的地，他也大。再再其次，就是能尽天地之德的圣王，他也大。

9.**【域中有四大，而王居其一焉】**宇宙有四大，而圣王，即是其中之一。

10.**【人法地】**世人只知圣王大，而不知圣王之所以为大，是因其效法天地之德，故与天地同大。因此，人受大地的承载之恩，也应该效法大地之德，即谦卑低下、安静自守、为而不争、厚德载物、顺天不息之行的精神。

11.**【地法天】**地受天的覆盖，所以大地也时时刻刻在效法上天之德，即高亢明亮、光明普照、无私无我、自强不息的中道精神。

12.**【天法道】**然而，道又是天的依归，所以天也时时刻刻在效法道之德，即大道中行、天下为公、生养万物、无为而为。

13.**【道法自然】**而道呢，祂是天地万物之母，祂无为而为。道之所以无为而为，真正是在效法自然。因此，我们修道行道，也当效法道的无为自然，也就是说，有功德于天下，而不去居功，有能力做事，也不恃自己有才干。如此，才能达到无争无欲无为的自然境界。

此章阐示，人法地，地法天，天法道，道法自然。为何首先强调人法地？简述如下：

首先，人居天地中，于地近，离天远，若舍近求远，非自然之道。

其次，地为世界中心，为中道之始，亦为人道之始。

第三，地于五行属土，土独具后天阴阳，且直通先天一气，为生化之源，为万物之母。

第四，地于洛书及后天八卦皆为九五，九五同先天中五，即太极一气，亦即中土。中土能使坎离成水火既济之定功，能使后天坎离返先天乾坤，乾坤返太极，太极返无极，即得一归〇。故人道妙用九五，可得一归〇，可由后天返先天，此与道祖宝诰所曰“命雷霆用九五数”，同一义。

第五，地在易卦属坤，坤德至柔，至柔即谦卑低下、柔顺不争、安静自守、顺乾不息之行。简言之，人法地，即去情复性，从而以坤返乾，以精化气，以命化性，以有入无，以后天返先天，以成德达道，以道返自然。

第六，在易，天地中气之数即五，天之中数为五，地之中数为六，故天数五五二十五，地数五六三十，天地之数合为五十五。而地数三十，又为四倍七点五，如一个月三十天，即四个七点五天。四即洛书之四偶数，七即人道用数。故知，人道用数七，本于地数三十。由此可见，在后天，地道即人道，人道同地道，地道与人道同为一道，地道为中道之始，亦为人道之基，故人道当法地道而行。本章之人法地，地法天，天法道，道法自然，即宗于此。此即人道之极则，万物莫不如此。

全章解读

此章所述人法地，地法天，天法道，道法自然，与第四十二章所述道生一，一生二，二生三，三生万物，互为表里，前者明中道之体，后者示中道之用。此二章，为《道德经》主旨所在。

【附】后天八卦图

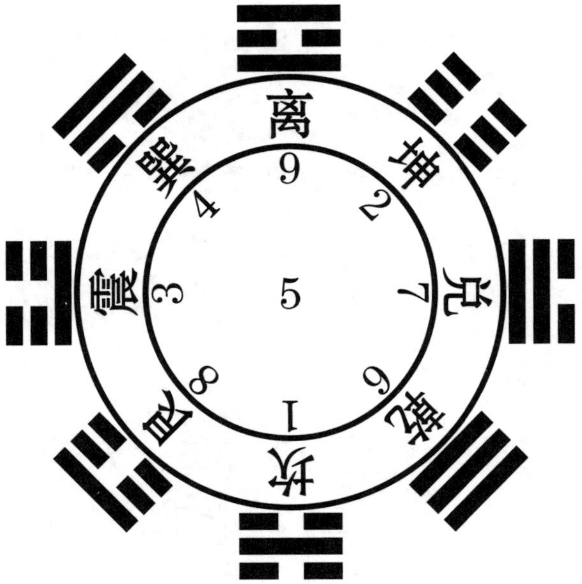

第二十六章 辎重

轻与重

标题解读

辎重，即载着衣物、粮食的兵车。比喻稳重清静之心。轻与重，比喻心性的轻浮妄动与稳重安静。正副标题之主旨，旨在明示妄动则失性，安静则复性。

全章经文

重为轻根，静为躁君。是以圣人终日行不离辎重，虽有荣观，燕处超然。

奈何万乘之主，而以身轻天下？轻则失根，躁则失君。

章节解读

1.【重为轻根，静为躁君】心性稳重，原是轻浮妄动的根基；心性清静镇定，本是急躁暴气的主人。

2.【是以圣人终日行不离辎重】所以，圣人终日不离稳重清静之心。如同外出，因身份极为荣贵，所以离不了载着衣物粮食的兵车。

3.【虽有荣观，燕处超然】虽然外表看来，极为尊贵美观，可其内心，仍然安然稳重，不因尊贵美观，而纷扰心境。

4.【奈何万乘之主，而以身轻天下？】可是，有些拥有万辆兵车的君王，就不同了。他不知以自身修养为重，而轻浮妄动于声色货利之间，这是不自重而自轻。自轻就被天下人所轻视，这就是其自取灭亡之时，纣王即是如此。

5.【轻则失根，躁则失君】所以说，轻浮的人，他会早日失去自性的根本，这和躁动的国王，会早日失去他君主的尊位一样。

全章解读

此章以清静的圣人和躁动的君王为喻，重在教人勿被外界荣华迷惑本性，否则即招致亡身亡国之灾祸。

第二十七章 袭明

至善之人

标题解读

袭，即照样做，照样继续下去。明，同儒家明明德之明，同佛家明心见性之明。袭明，即承传古人明德。能承传古人明德之人，即是至善之人，至善之人，即是明道之人。

全章经文

善行，无辙迹；善言，无瑕谪；善数，不用筹策；善闭，无关键而不可开；善结，无绳约而不可解。

是以圣人常善救人，故无弃人；常善救物，故无弃物。是谓袭明。

故善人者，不善人之师；不善人者，善人之资。不贵其师，不爱其资，虽知大迷，是谓要妙。

章节解读

1.【善行，无辙迹】至善之人，他行善于天下，然而他的心中，丝毫不存行善的痕迹。

2.【善言，无瑕谪】至善之人，他说的话，纯然本性流露，即是真理。即是真理，自然让人心服口服，所以无瑕疵让人指责。

3.【善数，不用筹策】至善之人，其心即佛，佛即其心，所以他所做之事，不用计划，一行一动，纯属自然，皆是仙佛的显现。不像凡人，想做好一件事，都要用尽心机，结果，无论怎么筹算，所做之事，十有八九不如愿，仍难逃离因果轮回之苦。

4.【善闭，无关键而不可开】至善之人，他的心境，物我两忘，纯然无为，不执外物。所以，他的心门，不必用锁，别人也难盗他的解脱之心。不像凡人，装设门锁，巧设机关，最后，还是被奸诈之徒破坏。

5.【善结，无绳约而不可解】至善之人，他立誓愿要救度天下之人，因此，他时时刻刻牢记誓愿，亦因此，天下之人，时时刻刻不会忘记他的恩德。如此，不必立条约，不必交换信物来约定，谁也无法解开他的约定。凡人却相反，常以信物作约定，或立契约书，好像能将两个人绑住，结果，还是难免有一方不守信用，而解除约定。

6.【是以圣人常善救人】所以，圣人怀有以上至善真心，常能以善良的本心，去救助他人。

7.【故无弃人】他认为教育无分别，如至圣孔子施行有教无类，所以，他不嫌弃人，不分贵贱与贤愚，平等施以教化。

8.【**常善救物，故无弃物，是谓袭明**】圣人深知，万物一体，因此，圣人之心，常与万物合一。所以，圣人从不弃人，也从不弃物，这就是圣人承袭古人的明德。

9.【**故善人者，不善人之师；不善人者，善人之资**】所以，至善之人，他的言行，合乎大道，就成为不善之人的老师；不善之人的作为，则成为至善之人的借鉴。

10.【**不贵其师**】但是，至善之人，仍不执着自己拥有老师的资格。

11.【**不爱其资**】因为他希望人人都是至善之人，也希望，以后没有不善的事成为他的借鉴。

12.【**虽知大迷**】至善之人，虽有大智，却大智若愚。

13.【**是谓要妙**】这才是了解真理的人，更是悟到精深之道的人。

全章解读

此章，旨在彰显圣人之德。圣人之德，贵在袭明，即圣人承袭古人之明德。此明德，从大的方面说，与儒家《大学》之明明德同一道，即修齐治平，止于至善；从具体实用的角度说，是在接人待物时要顺应自然，做到人尽其才、物尽其用。

第二十八章 常德

刚与柔

标题解读

常德，即恒德。刚与柔，一指性情，即刚为性，柔为情。一指地道，即在天道为阴阳，在地道为刚柔。人当法地道而行，即以柔顺刚，刚柔合一，一合于〇。

全章经文

知其雄，守其雌，为天下溪。为天下溪，常德不离，复归于婴儿。

知其白，守其黑，为天下式。为天下式，常德不忒，复归于无极。

知其荣，守其辱，为天下谷。为天下谷，常德乃足，复归于朴。朴散则为器，圣人用之，则为官长。故大制不割。

章节解读

1.【知其雄，守其雌】如果知道什么是刚强之道的人，他反而会守住柔顺，即温和谦虚，为什么？

2.【为天下溪】因为，能这样的人，就好像从山间的水沟，以卑下自处，自然成为众流之所归。

3.【为天下溪，常德不离，复归于婴儿】能够像众流之所归的人，从不离开他的德性，就好像回归到婴儿那样纯真的时代。

4.【知其白，守其黑】如果知道什么是洁白光明的人，他反而会守住昏昧无知，就像傻人一样，为什么？

5.【为天下式】因为，他有内在涵养，与众人和合，又无自傲，这才是天下人的楷模。

6.【为天下式，常德不忒】能为天下人之楷模，其德性则不会有差错。

7.【复归于无极】那么，这种人的心境，就是回复到原始之前，那样浑然无我的不动性的境界。

8.【知其荣，守其辱】如果知道什么是真正光荣的人，他反而会守住低下卑贱，为什么？

9.【为天下谷】因为，能这样的人，就像山谷一样，能虚受一切，自然使人归服。

10.【为天下谷，常德乃足，复归于朴】能像山谷一样虚受一切的人，他的德性，反而比别人充足，就好像回复到木头未割开以前的纯朴无华，那么真实，那么完全。

11.**【朴散则为器，圣人用之，则为官长】**木头割开以后，只能成为一种器具使用。圣人守住无为之朴，就能包涵一切器具的长处，就能以一当万，用途无限，所以，他就成为一切器具的主人。

12.**【故大制不割】**因此，大有作为的圣人，他宁愿守住内在纯真朴素无华，也不愿像木头被分割成器之后，只有满身粉饰的虚伪外表。

全章解读

此章主旨，重在朴素。此朴素，同于前面见素抱朴一语，即时时守中抱一，不失其本然天性。若失其本然纯真天性，就由性变为情，如此，就像一个完整的木头，化作无数的器具一样，失其木头之完整性；古语说君子不器，即此意。

第二十九章 自然

勿逆天而行

标题解读

自然，即无为，即无极，即〇。勿逆天而行，是指顺其自然大道而行，即无为而为。

全章经文

将欲取天下而为之，吾见其不得已。天下神器，不可为也，不可执也。为者败之，执者失之。

夫物或行或随，或嘘或吹，或强或羸，或载或隳。是以圣人去甚，去奢，去泰。

章节解读

1.【将欲取天下而为之，吾见其不得已】若为私欲而用强力夺取天下，我看不可能。

2.【天下神器】因为天下，是很神圣的。

3.【不可为也，不可执也】不会因武力强暴，就能控制祂，也不会因聪明自用，就能占有祂。

4.【为者败之】因此，欲以武力取天下的人，皆以失败告终。

5.【执者失之】若以私欲取天下的人，皆以失望而告终。

6.【夫物或行或随】人虽为万物之灵，也离不开万物，并与万物相随。譬如，你若想走在别人前面，仍会有人走在你的前面；你若想走在人后面，结果仍会有人在你后面跟随。

7.【或嘘或吹】当你开口，慢慢呼一口气，后面就会有风，将你的气吹散。

8.【或强或羸】当你想成为强人，但强中自有强中手，因为人的身体，总有衰弱的一天。

9.【或载或隳】如果你抗载重物，累了之后，你又得放下抗载之物，而得以休息。

10.【是以圣人去甚，去奢，去泰】所以，圣人知道这些道理之后，他就不做过分的事，也不做夸大不实的事，更不做不必要的事，只一味顺其自然，无为而为。

全章解读

此章主旨，重在教人去除骄奢淫逸，勿过甚，务中庸，顺自然，行无为。

第三十章 不道

不仗恃兵强

标题解读

不道，即逆道。仗恃兵强，侵略他国，即是逆道。

全章经文

以道佐人主者，不以兵强天下，其事好还。师之所处，荆棘生焉。大兵之后，必有凶年。

善者果而已，不敢以取强。果而勿矜，果而勿伐，果而勿骄，果而不得已，果而勿强。

物壮则老，是谓不道，不道早已。

章节解读

1.【以道佐人主者，不以兵强天下】以道辅国君者，不仗兵强逞天下。

2.【其事好还】因为，用兵杀人，只会造成仇恨，一旦有机会，对方也会以兵来报复，这就是以其人之道，还治其人之身的道理。

3.【师之所处，荆棘生焉】而且，两军战斗之地，田地受伤，易生荆棘杂草，农夫不能顺利耕种。

4.【大兵之后，必有凶年】大的战争之后，人死的死，伤的伤，逃的逃，病的病，这都是造成凶荒之年的原因。

5.【善者果而已】因此，善用兵之人，是为了讨伐邪恶入侵，保护国家财产和人民生命安全；是在不得已之时才用兵，只是求得平息战乱而已。

6.【不敢以取强】所以，善用兵之人，不敢仗恃自己兵力强壮，就去侵犯他国。

7.【果而勿矜】而且，善用兵之人，战事平息后，就不再炫耀武力。

8.【果而勿伐】也不夸耀自己的功劳。

9.【果而勿骄】更不以骄傲的眼光，去看待他国。

10.【果而不得已】因为他认为，战争之事，是不得已而战。

11.【果而勿强】所以，战事平定，就不再逞强兵力。

12.【物壮则老】逞强非长久之道，因为，万物运行皆循自然，即曰生长而壮大，由壮大而衰老，由衰老而死亡。

13.【是谓不道】所以，仗恃兵强生杀他国，是逆道而行。

14.【不道早已】既不合道，就要尽早停止好强好胜好战之心。

全章解读

此章，宗于《易经》师卦，可与师卦同参。兵为阴，阴不可盛，阴盛则伤阳。所以，用兵之事，须慎之又慎，稍有不慎，就会造成惨烈因果；即使为伸张正义，亦不得已而用之。如动辄以武力威胁，则与兵道背道而驰，结果激起各国民愤，致群起而攻之，而自取灭亡，秦国即是例证。

第三十一章 贵左

用兵之道

标题解读

左为阳，右为阴。兵为阴，为杀，为不仁，为恶。贵左，旨在明示用兵之道贵阳。阳即仁，仁即生，生即善。

全章经文

夫佳兵者，不祥之器，物或恶之，故有道者不处。君子居则贵左，用兵则贵右。

兵者不祥之器，非君子之器，不得已而用之。恬淡为上，胜而不美，而美之者，是乐杀人。夫乐杀人者，则不可以得志于天下矣。

吉事尚左，凶事尚右。偏将军居左，上将军居右，言以丧礼处之。杀人众多，以悲哀泣之；战胜，以丧礼处之。

章节解读

1.【夫佳兵者，不祥之器】勇猛的精兵，尖端的武器，虽是最好的兵器，但它们都杀人甚速，因此说，它们都是不吉祥的东西。

2.【物或恶之，故有道者不处】动植物或许皆讨厌它，所以，有道君子，不轻易用它。

3.【君子居则贵左，用兵则贵右】左为阳，右为阴。阳主生，阴主杀。所以有道君子闲居时心平气和，存好生之德，故以左为尊；只在用兵之时，才使用阴谋杀机，故以右为尊。

4.【兵者不祥之器，非君子之器】由此可见，兵器是不吉祥之器，非君子之用。

5.【不得已而用之。恬淡为上，胜而不美】所以，有道君子只有在不得已时而用之。其用，也要心平气和为首，即使获胜，也不以为荣。

6.【而美之者，是乐杀人】若以胜为荣，就是有好杀人之心。

7.【夫乐杀人者，则不可以得志于天下矣】好杀人者，难以让天下人归服，所以，在治理天下时，就难以顺利。

8.【吉事尚左，凶事尚右】所以，喜庆之事，都以左为尊，只有丧事，才以右为尊。

9.【偏将军居左，上将军居右，言以丧礼处之】因此，兵家以偏将军站在左边，表示他不是主将，杀人不多。而上将军，要站在右边，表示他是主将，职权居上势；可是，在他主权之下，杀人众多，所以，要以凶事的丧礼来看待。

10.【杀人众多，以悲哀泣之】这就是说，杀人多了，要以悲哀之心去对待。

11.【战胜，以丧礼处之】战胜了，要以丧礼的心情去处理。

全章解读

此章明示，用兵要效法天道好生之德，即不得已而杀之，即使杀，非以仇杀，要杀而促生。如天道秋杀万物，是为冬藏春生，而非好杀。

第三十二章 知止

知止之道

标题解读

正知止，宗于《易经》艮卦，艮卦性德主止。标题即明白止的道理之义。

止道，通儒释道易各教。止：在道家称守中抱一，在儒家称止于至善、中和诚明，在佛家称止观定慧，在善道称出数、不动性，在易道称寂然不动，本书称得一归〇。

全章经文

道常无名。朴虽小，天下不敢臣。侯王若能守，万物将自宾。天地相合，以降甘露，人莫之令而自均。

始制有名，名亦既有，夫亦将知止。知止所以不殆。譬道之在天下，犹川谷之于江海。

章节解读

1.【道常无名】未有天地之前，道本来无名字可言，虽然无名字，却是造化万物的根源。凡有名者，必定变迁，凡有名相者，皆虚幻不实。因此，道能常存，因其无名之故。

2.【朴虽小，天下不敢臣】朴，是无名的比喻。木头尚未分割前的名字叫做朴，若割开做成器具后，便有了各种名字。因此，朴之意，与混沌无名的道相同。所以，朴虽小，但是天地万物，无不从此无名之朴生化而来。因此，朴为天地之源，尊贵无比，好比君王，谁敢令他臣服。

3.【侯王若能守，万物将自宾】因此，君王若能守住浑然之朴，就能无为而治，万物就自然和谐，百姓也可和谐相处，安居乐业。

4.【天地相合，以降甘露】天地阴阳，二气中和，则风调雨顺，自降甘露，滋润万物。

5.【人莫之令而自均】因此，道降祥瑞甘露，滋润万物，不需人们指挥，它会自然平均降下。

6.【始制有名，名亦既有，夫亦将知止】但是，国未安时，不得不制造一些有名字的器具，来治理天下；但有了器具，达到和平之后，就应知止。

7.【知止所以不殆】知止，即是归道。归道，则无祸乱。

8.【譬道之在天下，犹川谷之于江海】好比天地运行，皆顺自然；又好比河川与溪流，流入大海而有归宿。有德仁君，如此治理天下，就成为天下人的归宿。

全章解读

此章，宗于《易经》艮卦。艮为人道，艮德为止。人之修道，当止其阴，行其阳，使阴阳二气，合二为一，一归于〇，即得一归〇。一即太极，〇即无极，无极即自然大道。自然大道，为人终极归宿。艮何以能使阴阳二气，合二为一，一归于〇呢？在后天八卦中，坎为水在下，代先天之坤；离为火在上，代先天之乾；艮为土居中，代先天太极。艮为中央之土，艮土制坎水，坎水制离火，如此，成水火既济之定功，则使坎返先天坤，离返先天乾，乾坤返太极，太极返无极，此即艮止之无上妙用。（此艮卦之妙用，可参看易后天八卦图之艮卦。）

第三十三章 尽己

真正的永生

标题解读

尽己，即尽天性。尽天性即是真正的永生。

全章经文

知人者智，自知者明。胜人者有力，自胜者强。知足者富，强行者有志。不失其所者久，死而不亡者寿。

章节解读

1.【**知人者智**】能够洞察人的善恶与贤愚，能够分别人的是非与作为，此为智。

2.【**自知者明**】能够反省自己的过错，即可明白自己的天性，此为明。

3.【**胜人者有力**】能战胜别人，这是有能力，但并非表示你就是坚强的人，更非永恒之道。因为今天你能战胜别人，假以时日，别人也能千方百计战胜你，故说非永恒之道。

4.【**自胜者强**】所以，只有克服自己，战胜自己的人，才是最坚强的人。只有守住仁德之心，才能真正战胜一切，达到永恒。

5.【知足者富】所以，知足之人，他心里就无欠缺。无欠缺，即不穷，不穷即富。

6.【强行者有志】勉强做事的人，就要靠志。有志者事竟成，若无志，他就会半途而废。

7.【不失其所者久，死而不亡者寿】所以，一个人做事，不失立身处事的原则，才是长久之道。这样的人，就是肉体死了，他的精神还能永留人间，他的灵性更是上升天堂，这才是真正的永生，真正的长寿。

全章解读

此章主旨，重在教人反省改过，战胜自我，圆满天性，以达长生。

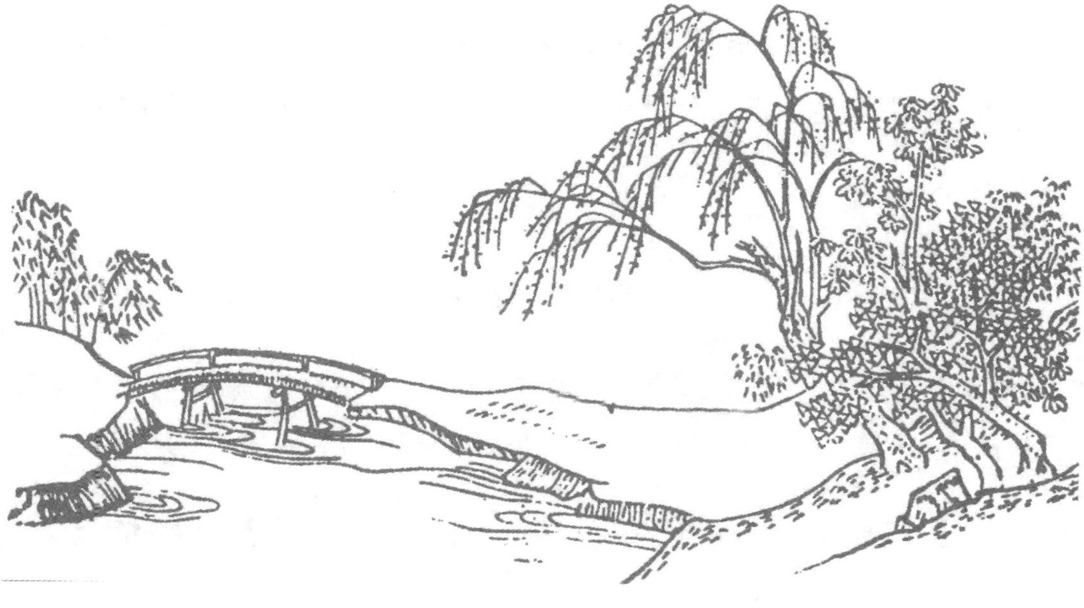

第三十四章 成大

天地之胸襟

标题解读

成大，即成道。宇宙有四大，即道大、天大、地大、圣人大。天地胸襟为何广大？是因天地能学习道的包容性，人的胸襟若能学习天地的包容性，则必能成就自然大道。

全章经文

大道泛兮，其可左右。万物恃之以生而不辞，功成不名有。

爱养万物而不为主，常无欲，可名于小；万物归焉而不知主，可名于大。是以圣人终不为大，故能成其大。

章节解读

1.【大道泛兮，其可左右】天地之间的能源，非常充沛，可以任其自然，欲左即左，欲右即右，左右逢源，无处不到。

2.【万物恃之以生而不辞，功成不名有】万物依能源而生长，祂不会推辞；而且，祂在滋润养育万物成功后，也不争功争名争利。

3.【**爱养万物而不为主**】祂以博爱之心，养育万物，就像父母关爱子女一样，可祂，从不以为自己，就是天地万物的主人。如此胸襟，何等伟大。

4.【**常无欲，可名于小**】祂无所欲望，也不居功，就好像它很微小一样。

5.【**万物归焉而不知主，可名于大**】万物生化之后，都归向祂，祂还不知当主人翁，因为祂能虚受一切，所以，这才是真正的大。

6.【**是以圣人终不为大，故能成其大**】如同圣人一样，他从不以为自己伟大，故能成就他的伟大，这才是真正的伟大。

全章解读

此章主旨，重在教人无我无欲，无为而为。无为而为，则无所不为，方为伟大作为。

第三十五章　大象

道的玄妙

标题解读

大象，即大道。道的玄妙，即道的渊深、幽远、广大。

全章经文

执大象，天下往。往而不害，安平泰。乐与饵，过客止。道之出口，淡乎其无味，视之不足见，听之不足闻，用之不可既。

章节解读

1.【执大象，天下往】大道之体，无形无象，因无形象，所以，天地万物，无所不包，无所不容。人心若能像大道之体，无所不包，那么，天下之人，没有一个不归从他。

2.【往而不害，安平泰】如果，天下之人都归从他，天下将要太平。

3.【乐与饵，过客止】太平之后，也勿贪求音乐与食物之享乐，因为，享乐犹如过客，不能长久。

4. **【道之出口，淡乎其无味】**只有道，弥漫在虚空中，它是那么淡然无味。

5. **【视之不足见，听之不足闻，用之不可既】**道看不见，听不到，但当用它时，却用之不尽、取之不竭，这就是道的玄妙。

全章解读

此章，重在阐述无。无生万有，无包万物，以无为量，则无所不包，无所不容。

第三十六章 微明

物极必反

标题解读

微，即隐微。明，即明显。微明，是指大道看似隐微，其实明显。物极，即指事物发展到极致，则失中，失中之后，则向事物的反面发展，此即易阴极阳生，阳极阴生之理。标题旨在教人明白守中之道。

全章经文

将欲歙之，必固张之；将欲弱之，必固强之；将欲废之，必固兴之；将欲夺之，必固与之。是谓微明。柔胜刚，弱胜强。鱼不可脱于渊，邦有利器，不可以示人。

章节解读

1.【将欲歙之，必固张之】天下之物，物极必反，阳极必阴，阴极必阳。譬如，月缺必圆，圆后必缺。由此可见，收敛隐藏之后，必定张明显现。

2.【将欲弱之，必固强之】要想削弱对方，相反，必然会使对方变得更加强大。譬如，外国要打压中国、消灭中国，反而使中国日趋强大。

3.【将欲废之，必固兴之】要想不顺天意，而用手段打压迫害，使之废弃，定会适得其反。例如，有人要摧毁中华文化，反而使中华文化复兴。

4.【将欲夺之，必固与之】要想以不法手段去剥夺他人，反而使他得到的更多，因为人亏人，天不亏人。如犹太人，夺了耶稣的生命，反使耶稣扬名后世。而且，自古以来，忠臣孝子，英雄烈女，皆能奉献牺牲自己，反而使其名存千古。

5.【是谓微明】如此道理，看似隐微，其实明显，只是人们没注意而已。

6.【柔胜刚，弱胜强】所以说，不能小看外表柔弱之人，因为柔能胜刚。如圣人处事，常以卑下柔弱自处，反而使其万古流芳。

7.【鱼不可脱于渊】人若离道，就被气数所拘，反失根本。就像火车脱轨必遭车祸，船无指南必迷方向，鱼脱离水必然死去。

8.【邦有利器，不可以示人】所以说，国家有尖端武器，不可夸示于人，否则，就会危害自己。因为，他国必定要制造更尖端的武器，来威胁你，如此，战争就更难以避免。

全章解读

此章，重在阐释物极必反，阳极必阴，阴极必阳。凡事要遵循自然规律而行，人在天地中，应行中道，不走极端，才可避免灾祸。

第三十七章 无为

自然教化

标题解读

无为，即以无的心，作万有的事，即以无欲无争无为的心，作世间万有的事。如此行事，即是自然。顺其自然而为，即是自然教化。

全章经文

道常无为而无不为。侯王若能守，万物将自化。化而欲作，吾将镇之以无名之朴。无名之朴，亦将不欲。不欲以静，天下将自正。

章节解读

1.【**道常无为而无不为**】道虽无为，却无所不为，例如五行金木水火土之变迁、四季之更替，没有一样，不是道的造化，所以，是无为而为，无所不为。

2.【**侯王若能守，万物将自化**】因此，君主若能守住无为之道，万物就自然归向于他。

3.【化而欲作，吾将镇之以无名之朴。无名之朴，亦将不欲】但是，在万物归顺之后，难免还有恶人行使欺诈，如果君王善于挽救，只以无为之道，去开导他，人民自然好清好静，而无争夺。

4.【不欲以静，天下将自正】假若人民好清好静，无争无夺，天下自然就清正。

全章解读

此章重在明示，国君治理天下，贵在自身能持无为之道，能无为则无所不为。无为不是无作为，而是做了善事，如同未做，功成不居，率性行道，即有治国平天下、成德达道之大作为。

道德经 经文解读

下篇·德

（38—81章）

第三十八章 处厚

首道德次仁义

标题解读

处，即作。厚即德。处厚，即作德。首道德次仁义，指人道法运变化的自然规律。

全章经文

上德不德，是以有德。下德不失德，是以无德。上德无为而无以为，下德为之而有以为。

上仁为之而无以为，上义为之而有以为。上礼为之而莫之应，则攘臂而仍之。

故失道而后德，失德而后仁，失仁而后义，失义而后礼。夫礼者，忠信之薄，而乱之首也。

前识者，道之华，而愚之始也。是以大丈夫处其厚不处其薄，居其实不居其华。故去彼取此。

章节解读

1.【上德不德，是以有德】最有道德的人，常做善事，虽常做善，却从不以为自己在做善。做善而不执着善，这才是最有道德之人。

2.【下德不失德，是以无德】可是，没有道德之人，一旦做了善事，唯恐别人不知，唯恐失去名誉，就到处宣扬。像这样执着于善，则是没有道德的表现。

3.【上德无为而无以为】最有道德之人，他的牺牲与奉献，出自无为，顺任自然，虽做善无穷，却犹如未做。

4.【下德为之而有以为】没有道德之人，做了一点善，就铭记在心，唯恐失去善名。

5.【上仁为之而无以为】最仁慈之人，视万物一体，天地一身，无分别心，因此，物我两忘，浑然无为而为。

6.【上义为之而有以为】可是，有义气之人，恰恰相反，因其出自有为之心，所以，为人处事有失仁德。

7.【上礼为之而莫之应，则攘臂而仍之】有些人，以为自己很有礼貌，但是，一旦遇到对方无礼，就很不高兴，恨不得伸出手来，指着对方，强迫其回礼。

8.【故失道而后德，失德而后仁，失仁而后义，失义而后礼】所以，万事之始，先失大道，继之失德，失德之后，开始失仁，失仁之后，开始失义，失义之后，开始失礼。

9.【夫礼者，忠信之薄，而乱之首也】因此，礼是忠信之心最薄的一种，故礼衰之时，祸乱与灾变，就要开始。我国历史上，周礼衰时，各国纷乱，百姓苦不堪言，即是例证。

10.**【前识者，道之华，而愚之始也】**从此之后，知识爆炸，竞争开始，人类社会如同鲜花，只有华丽外表，一切就更显得虚伪不实。这种虚伪之始，即是愚昧的开端，至此，大家都愚蠢与盲从了。当今世界，即是如此。

11.**【是以大丈夫处其厚不处其薄】**所以，大丈夫为人处事，当以道德为上，仁义次之。

12.**【居其实不居其华。故去彼取此】**然后，讲求真实，去除虚伪。

全章解读

此章，是对人类社会演变之自然规律的高度概括和总结，其演变规律，即1道、2德、3仁、4义、5礼、6智、7信。简单说，就是由1而7，7而复1，周而复始，循环不息。其原理，宗于《易经》大衍之数体一用七之道（此可参考《易经》大衍之数）。当今人类，仁义皆失，诚信殆尽，已处于“7信”之末，故又得从“1”开始，进入道的时代。此乃自然规律，非以人的意志为转移。欲济世救人之仁人志士，不可不知。

第三十九章 得一

道的根本

标题解读

得一，即得道。得一，在儒即止于至善、中和诚明，在佛即止观定慧、即明心见性，在易即寂然不动，在善道即出数、不动性，在本书即得一归〇。得一，在道即成神，在儒即成圣，在释即成佛。修道之人，首当明一，其次行一，最终得一归〇。总之，得一，是知行合一的正果，是道的根本。

全章经文

昔之得一者：天得一以清，地得一以宁，神得一以灵，谷得一以盈，万物得一以生，侯王得一以为天下贞。其致之一也。

天无以清，将恐裂；地无以宁，将恐发；神无以灵，将恐歇；谷无以盈，将恐竭；万物无以生，将恐灭；侯王无以贞而贵高，将恐蹶。

故贵以贱为本，高以下为基。是以侯王自称孤、寡、不谷，此其以贱为本耶？非乎？故致数舆与无舆。不欲琭琭如玉，落落如石。

章节解读

1.【昔之得一者】大道清净无为，它的本体，精一无二，所以，道又称名为一。

2.【天得一以清】天若得一，就清晰亮丽。

3.【地得一以宁】地若得一，就安详宁静。

4.【神得一以灵】神若得一，就玄妙灵敏。

5.【谷得一以盈】山谷得一，就充足盈满。

6.【万物得一以生】万物得一，就生化成长。

7.【侯王得一以为天下贞】君王得一，天下就安定自足。

8.【其致之一也】所以，一切事物，都与一密切相关。

9.【天无以清，将恐裂】天不清明，恐会崩裂。

10.【地无以宁，将恐发】地不宁静，恐会暴发灾变。

11.【神无以灵，将恐歇】神不灵妙，恐会衰颓消失。

12.【谷无以盈，将恐竭】谷不充盈，恐会干涸竭尽。

13.【万物无以生，将恐灭】万物不生化，恐会灭绝。

14.【侯王无以贞而贵高，将恐蹶】在上位的人，若不以正道治天下，还以尊贵高位自居，恐遭颠簸坎坷。

15.【**故贵以贱为本**】所以，尊贵之人，当以低贱为本。

16.【**高以下为基**】高尚当以低下为根基。如此无分别心，才能契合万机。

17.【**是以侯王自称孤、寡、不谷，此其以贱为本耶？非乎？**】因此，侯王尚且自谦，自称孤、寡、不谷，这不都是以低贱为本吗？难道不是吗？

18.【**故致数舆与无舆**】不相信，则以车子做比喻，若算其零件，当然很多，若算车子的数量，只有一部，一部就不用算了，因为一即至简。或以树为喻，枝叶很多，但其树只有一棵。所以，万物由万归一，回复到道的本体，才能合于万物之用。

19.【**不欲琭琭如玉，落落如石**】所以说，高贵之人，不要视自己如宝玉之尊贵，不要视他人如石头之低贱，因为这样，已失中道。

全章解读

第五章言守中，第二十二章言抱一，此章言得一。能守中抱一，自然得一，得一即是得道。此得一，与儒家之定静安虑得之得，同一道；与佛家之四禅八定、一真三昧，同一道；与《易经》之阴阳二气合二为一，同一道。

第四十章 反复

〇生一·一归〇

标题解读

反复，指万物反复运转，循环不息。〇生一·一归〇，是指道的顺生之数，即〇生一，人道逆返之数，即一归〇。如何逆返？即用柔静！

全章经文

反者道之动，弱者道之用。天下万物生于有，有生于无。

章节解读

1.【反者道之动】万物生生化化，反复运转，但一切皆从道体而发。

2.【弱者道之用】万物虽然反复运行，最终仍归于道。道之用，即是柔弱与宁静。就好像一阵风，虽很强劲，不久，终归平静。又好比一阵雨，虽然暴急，不久，亦终归平静。

3.【**天下万物生于有，有生于无**】所以说，天下万物，皆从有而生，可这个有，还是由无而生。

此章，重在阐释逆返法则，即万物生于有，有生于无。在易，万物生于太极，太极为有，而太极之有，生于无极，无极为无。以数言之，即万归一，一归〇。

全章解读

又，此章同《易传》所曰“易逆数也”。逆数，即逆返。逆返非逆其道而行，实为逆其情，返其性，即克情复性之谓。

第四十一章 闻道

道的尊贵

标题解读

闻道，一指听闻大道；一指见闻大道，即彻悟大道。道为万有之尊，闻道得道，本身亦是非常尊贵的事。

全章经文

上士闻道，勤而行之；中士闻道，若存若亡；下士闻道，大笑之。不笑不足以为道。

故建言有之：明道若昧，进道若退，夷道若类，上德若谷，大白若辱，广德若不足，建德若偷，质真若渝，大方无隅，大器晚成，大音希声，大象无形。道隐无名。夫唯道，善贷且成。

章节解读

1.【上士闻道，勤而行之】上根之人，善根深厚，见识超群，志量广大，一旦闻道，就志与道合，力行不怠。

2.【中士闻道，若存若亡】中根之人，见识不广，信道不足，虽有缘闻道，也有慕道之心，但道心不能长久。

3.【下士闻道，大笑之】下根之人，见识浅薄，不知道为何物，因其本性迷昧，贪享欲乐，所以，一听到道，就哈哈大笑，一笑了之。

4.【不笑不足以为道】这些愚昧下根之人，如果不笑，还不足以彰显道的尊贵在于何处。

5.【故建言有之】所以古圣有先见之明，就立了一些哲言如下：

（1）【明道若昧】明道之人，机智全无，意念清净，大智若愚，从外表看，好像愚昧。

（2）【进道若退】行道之人，不作有为，不逞力气，事事让人，不敢为先。

（3）【夷道若类】有道之人，心与道合，不作异举，不说奇言，不分富贵，不分贫贱，平易近人。

（4）【上德若谷】上等道人，心量广大，涵受一切，虚怀若谷。

（5）【大白若辱】洁净之人，如明月当空，似莲花出污泥而不染，他们不计得失、不存是非的样子，好像受辱一般。

（6）【广德若不足】大德之人，不自以为有德，仍然谦虚。

（7）【建德若偷】建立广大功德的人，不自夸耀功德，犹如小偷，暗地去做，从不张扬，故建德若偷。

（8）**【质真若渝】**圣人品性，质地纯真，不存分别，缘于他的本然天性，所以，圣人之心，好似随物在变。

（9）**【大方无隅】**广大宇宙，浩瀚无垠，无角落可立。圣人之心，心量广大，无有边际，亦无角落可立。

（10）**【大器晚成】**完成一件大器物，费时须久，欲成大道，也是如此，必经时间与人格之考验、心性之磨练，才能真正成就，故说大器晚成。

（11）**【大音希声】**轮船起航有声音，火车开动有声音，飞机飞行有声音，人可以听到。可是，宇宙的律动，天体超音速的运转，声音之大，能够响彻宇宙，但人生活在宇宙中，却听不到它的声音，所以是大音希声。

（12）**【大象无形】**有形就有限，无形则无限，就像无极之虚空，无量无边，所以是大象无形。

6. **【道隐无名】**道，虽是万物之源，可是至玄至微，隐微无迹，好像连名字都没有，所以是道隐无名。

7. **【夫唯道，善贷且成】**所以说，道，这个大生命能量体，经常把他的气，借给天地万物，资助天地万物，成就天地万物，等到天地万物成就之后不用了，才将借用的气还给道，所以是善贷且成。

全章解读

此章，重在明示道之尊贵，至高无上。故一旦闻道，则当志与道合，力行不怠。

第四十二章 中和

道的造化

标题解读

中和，指中道，只有中道，才能中和阴阳二气，合二为一，一归于〇。此中和，与《中庸》之中和诚明，同为一道。道的造化，是指道的顺生之序，即道生一，一生二，二生三，三生万物。

全章经文

道生一，一生二，二生三，三生万物。万物负阴而抱阳，冲气以为和。

人之所恶，唯孤、寡、不谷，而王公以为称。故或损之而益，或益之而损。

人之所教，我亦教之。强梁者不得其死。吾将以为教父。

章节解读

1.【道生一】道的造化总原理是这样的，道为万物之本，但道本无名，强名为一，故说道生一。在易，道即无极，一即太极 ，故道生一，亦即易之无极生太极。无极，名天地之始，太极，名万物之母。

2.【一生二】由一分为二，就有了阴阳，阴阳即天地，天地自然定位，就成为二数，故说一生二。

3.【二生三】有了二数，就开始有对峙，有对峙必有两端，有两端必有中心，所以，中心之数，就成为三数，故说二生三。

4.【三生万物】因此，易经的数理，则以三为生数，即由三数而演变出一切飞潜动植、一切有形有色之物，就成为万物，故说三生万物。

5.【万物负阴而抱阳】阴的一面，居于幽暗，本质柔弱，往往是万物的正明面，因此，阴以无形而身负其内，阳以有形则身抱其外。

6.【冲气以为和】冲，即中。冲气，即中气。中气，即阴阳二气的中心，亦即虚中之气。虚中之气，即太极一气。太极一气，含有万物造化之机，所以万物得其中，便有和合生化之妙。此中，在天曰道，在人曰性，在物曰理。

7.【人之所恶，唯孤、寡、不谷，而王公以为称】上述之柔弱冲虚中气之理，非常伟大。你看，人最讨厌听到孤、寡、不谷这些话，但高高在上的王，却喜欢以它自称，这岂不是以柔弱来自损吗？如果侯王不自损，天下便不自归。所以，以虚下为用，实在太妙了。（不谷即无食。）

8.【故或损之而益，或益之而损】因此，损中有益，益中有损，如上述国君自损，反得天下归心，若国君骄傲自满，反而会受到众叛亲离。如桀纣将天下视为己有，骄满自大，虽有天下，而终归天下反叛之，此为借镜。

9.【人之所教，我亦教之】这是古圣所教遗训，我也以此教导别人。

10.【强梁者不得其死】人生在世，应体道而行，不可仗势称强霸道、自我夸耀，否则，不得善终。

11.【吾将以为教父】所以，我将以上妙道，当成像父亲教导我一样，永远牢记。

全章解读

此章所述，道生一，一生二，二生三，三生万物，重在昭示道的造化程序，其道生一二三万，亦即宇宙造化总原理。虽简单〇（道）一二三万几位数字，却含至极妙道，全部易经，其数、其象、其物、其理，无不通于道生一二三万之序。如易传曰：易有太极，是生两仪，两仪生四象，四象生八卦。此即言太极八卦生成之序。其中，易有太极，即是道生一；是生两仪，即是一生二；两仪生四象，即是二生三；四象生八卦，即是三生万物。

为何说三生万物？因为，在易，太极由一分为天地阴阳二气之后，二气交合，而生成五行，五行之序为一水二火三木四金，中五属土，中五之土生水火木金四行，合曰五行，常言曰五行生万物，实为中五生万物。又，中五之土，含天地阴阳二气之精，为五行之本，虽为五行生成之末，但全后天阴阳之象，接先天太一之气。总之，此中五，在先天曰太极，在河图曰中五，在洛书曰九五，道祖宝诰所曰“命雷霆用九五数”，即指此中五！此中五为万物之母，有生生不息之机，故知，老子所曰三生万物之三，即指此中五。

由上可知，《道德经》道生一，一生二，二生三，三生万物之说，即宗于《易经》天地之数及河图洛书。此章重在昭示天道为人道立极，极即中。人道源于天道，而非天道之外另有人道，人道与天道，同一道，即同为中道。人道之本，即执中用中。道家守中抱一，本于中；儒家止于至善、中和诚明，本于中；佛家止观定慧，本于中；易经阴阳二气合二为一，亦本于中。故知，儒释道易同宗，同宗于中。

此章所示道生一，一生二，二生三，三生万物，与第二十五章所示人法地，地法天，天法道，道法自然，一顺一逆。前者顺生，即一分为二；后者逆返，即合二为一。顺生，即由先天变后天；逆返，即由后天返先天。后天返先天，必执中用中。此二章合参，会相得益彰。

附：造化（道）流程示意图

道数	易象	易数
○	无极 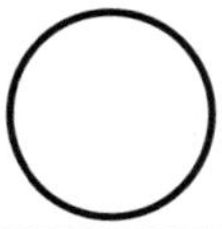	○
一	太极 	一
二	两仪 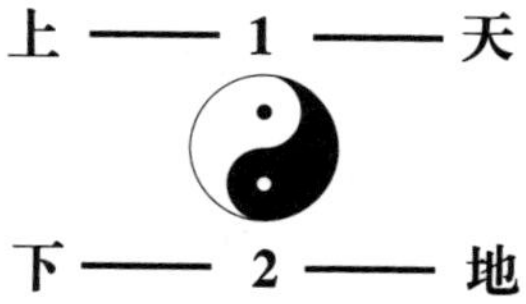	二
三	四象 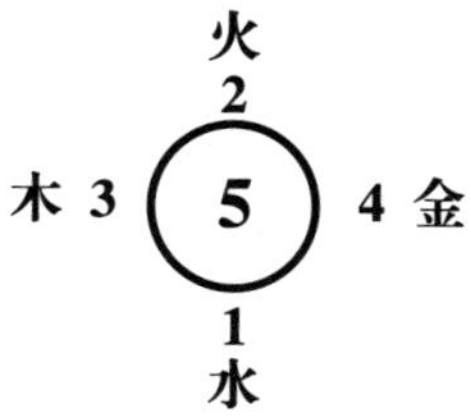	五
万物	八卦 	九宫

中五之气～经四营三变～而成人道用数七

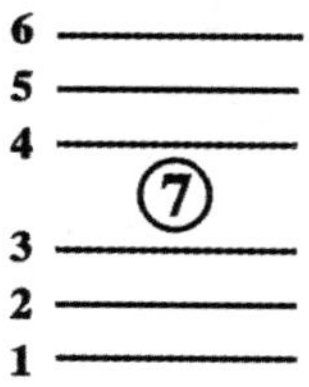

第四十三章 至柔

柔胜刚

标题解读

此章宗于《易经》坎卦与坤卦。至柔，指坎水之性德。柔与刚，指地道（坤道）法则。人当效法地道而行，而地道之大用，在于坎水至柔之性德。标题旨在明示，人的性情若能像坎水一样至柔，则能以柔胜刚，刚柔合一，一归于〇。

全章经文

天下之至柔，驰骋天下之至坚。无有入于无间。吾是以知无为之有益。不言之教，无为之益，天下希及之。

章节解读

1.【天下之至柔，驰骋天下之至坚】天下最柔弱的东西是水，水虽柔弱，却能穿石，水虽至柔，却能托起万吨巨轮。又以无形之气为比喻，柔弱之气，能载运各种星球。又比如天下的母亲是柔弱的，可谁不由母亲孕育而生。又好比圣人是柔弱的，可他常谦卑低下，以身作则，身体力行，这种身教胜于言教的无言之教，反而胜过其它教育。所以，无形柔弱的力量，外表看来虽不中用，却是最刚强最伟大。

2.【无有入于无间】所以，无形的力量，能穿透有形之间隔。

3.【吾是以知无为之有益】因此，我才知道，这无为的益处。

4.【不言之教，无为之益】所以，不言之教，非常有益。如天地运转，四时变换，万物的生化，皆是不言之教。

5.【天下希及之】如此不言之教，即道，天下难有一物，能与之相比。

全章解读

此章，重复强调柔胜刚之道，重点强调《易经》坎卦的功用。水为坎，坎卦为二阴一阳（☵），此义即以柔包刚，亦即以柔胜刚。

第四十四章 知止

身与名

标题解读

标题知止，其止字，宗于《易经》艮卦，艮卦性德主止。知止，同儒家止于至善，同佛家止观定慧，同善道不动性，同《易经》寂然不动。身与名。身，一指肉体假身，一指真我法身。名，即名望。身与名，指体内真我法身，重于一切外在虚名。

全章经文

名与身孰亲？身与货孰多？得与亡孰病？是故甚爱必大费，多藏必厚亡。知足不辱，知止不殆，可以长久。

章节解读

1.【名与身孰亲？】身外声名，与身内真我，哪样应该亲近呢？

2.【身与货孰多？】身内真我，与身外之物，哪样应该重视呢？

3.【得与亡孰病？】得到永恒真我，与失去身外声名，哪样更重要呢？

4.【是故甚爱必大费，多藏必厚亡】所以说，过分贪求物欲，必定劳心劳力，大费精神，结果损失更大；过分贪求利禄，必定喜爱收藏珍品，但珍品收藏越多，越遭人嫉妒怨恨，结果易使身遭横祸。

5.【知足不辱，知止不殆，可以长久】所以，知止之人，心少贪求，身心自然无忧，远离羞辱，不遭灾祸。如此之人，可与天地共长久。

全章解读

此章，重复强调艮卦止德之重要。如孔子《大学》所言，止而后有定，定而后能静，静而后能安，安而后能虑，虑而后能得。得即得其一，归其无。故艮止之德，为修道之极则。

第四十五章 清静

清静自然

标题解读

清静，即无为。清静无为，即是自然。

全章经文

大成若缺，其用不敝。大盈若冲，其用不穷。大直若屈，大巧若拙，大辩若讷。躁胜寒，静胜热，清静为天下正。

章节解读

1.【大成若缺】大有成就的人，反而谦虚待人，如此谦虚作为，在凡人看来有些缺失。

2.【其用不敝】有此境界的人，在凡人看来好像不值得学习，可是他的德性，却丝毫无损，反而更受他人尊崇。

3.【大盈若冲】功德圆满的人，心同虚无。虚无即空性，即至善，亦即宇宙大能量。

4.【其用不穷】可是，无的作用，反而生生化化，无穷无尽。

5.【大直若屈】正直之人，包容一切，但从外表看，好像受委屈。

6.【大巧若拙】圣人之心，最为巧妙，无贪无争，无有做作，但以凡人看来，好像很笨拙。

7.【大辩若讷】悟道之人，辩才无碍，但却金口难开，因此，有大辩才的人，反不多说。

8.【躁胜寒，静胜热】人在急躁暴气时，体内热气沸腾，能暂时御寒，但并不长久；以平心静气制胜躁动，方为长久。因为，动生阴，静生阳，以静制动，以阳消阴，自然之道。

9.【清静为天下正】所以，清静无为，即不动性，才是天下人当追循的目标。如此，则能使万物，各得其所，各得其归，天下自然太平清正。

全章解读

此章，重在强调清静无为，即不动性。人若不动性，天地悉皆归，人若能如此，天下皆太平！

第四十六章 知足

有道与无道

标题解读

知足，即知止，止即宗于《易经》艮卦，艮德主止，即止阴行阳，止于一，一即真性。有道与无道，知止即有道，不知止即无道。

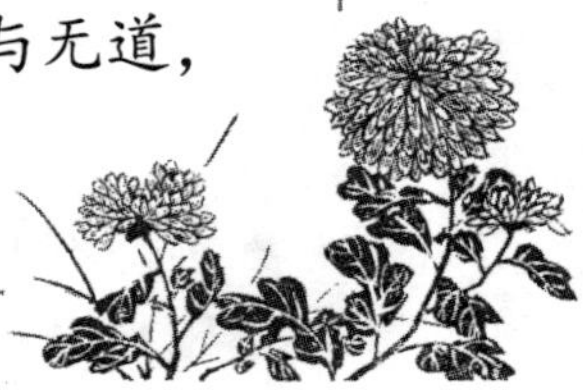

全章经文

天下有道，却走马以粪；天下无道，戎马生于郊。罪莫大于可欲，祸莫大于不知足，咎莫大于欲得。故知足常足。

章节解读

1.【天下有道，却走马以粪】天下有道之时，国泰民安，人人知足，此时，战马皆可清闲自在，于田野之中，粪田施肥。好比有道之人，身心泰然，无心猿意马、胡乱奔驰之患，而以中和之气养身，以中正之道立命，自然无事清静。

2.【**天下无道，戎马生于郊**】天下无道之时，人人贪得无厌，此时，战乱难免发生，因此，兵马也要生死于荒郊野外。就好比修道之人，若不守清静无为，时时会生情欲之念，导致心上刀兵横出，性中意马乱闯，不得一时宁静，造成三魂七魄尽成魔军，五脏六腑皆为战场，心无一刻安闲，神无一刻守舍，这就是人心无道、性命不保的战败结果。

3.【**罪莫大于可欲，祸莫大于不知足，咎莫大于欲得**】由此看来，天下罪大恶极，莫过于情欲。如兄弟成仇、朋友反目、覆宗灭族之事，皆一念之微所害，如星星之火虽微，却可以燎原广阔。所以说，修行之人，先要止念。念头不止，虽日夜不眠求道，只不过劳形而已。因此，学道之人，最大不是，即是有念。有念即有阴阳，有阴阳即有善恶，善恶即二，二即不中，不中即失道，失道则亡。

4.【**故知足常足**】所以说，知足之人，无所不足。因为，舍弃身外之物，得到自性之宝，自性一切具足，如此，人生足矣。

全章解读

此章，重在强调艮止之德，明示止情返性，知止不殆，知足不害。

第四十七章 天道

总原则与定理

标题解读

天道为宇宙的总原则与定理，天道在人即天性。标题旨在开示天性无为而为。

全章经文

不出户，知天下；不窥牖，见天道。其出弥远，其知弥少。是以圣人不行而知，不见而名，不为而成。

章节解读

1. **【不出户，知天下】**天下有个总原则与定理，天下虽大，不出此原则与定理。所以，圣人不出门户，靠它，就可以知天下一切。

2.【不窥牖，见天道】天地之间，不出阴阳动静；阴阳动静，不出无极太极，不出〇一；无极太极、〇一，不出人之天性。圣人尽其天性，则是尽其天道，就是行其天道，就是见其天道。

3.【其出弥远，其知弥少】凡人须以眼观事物，而天下事物不可穷尽，倾毕生之力走遍天下，迷于身外之见，反而迷失真我天性。天性无所不知，藏于自身。所以，越向外求，越受外境所迷，就越迷失天性，故知之日少，为道日损。

4.【是以圣人不行而知】因此，圣人不必行遍天下，只求淡然无欲，以圆满天性。天性一圆，眼前即是法界，天地人三界，外加佛国，无不洞见。

5.【不见而名，不为而成】所以，不必视察外界，即可说出自然法则的名目；也不必有为造作，只须尽己天性，就是无为而为，自然人道尽，天道返，佛道成。

全章解读

此章主旨，道向性中做，莫向身外求。即道在性中莫外求，天性卽在汝心头，人人皆有道德身，只向身内道德求。

第四十八章 日损

无为之妙

标题解读

日损，即宗于《易经》损卦。即损其有为，回归无为，无为而为，为道之妙则。

全章经文

为学日益，为道日损，损之又损，以至于无为。无为而无不为矣。故取天下者，常以无事，及其有事，不足以取天下。

章节解读

1.【为学日益，为道日损】为学问求知见，是一天一天增长的。而学道则不同，学道须要损去知见，除去情欲，止其妄念，故为道日损。

2.【**损之又损，以至于无为**】除了损去知见、情欲妄念之外，更要把人情世故、名利虚华一并丢弃。这样，物我两忘，私欲净尽，即是达成天性圆满、自然无为的境界，无为即是不动性。

3.【**无为而无不为矣**】有了无为的境界，就能无所不为。这个无为，其中隐藏着深妙的玄机，是动中之静、静中之动的无为，是虚中之实、实中之虚的无为。譬如，天之无为，而四时能行；地之无为，而万物能生。如果人能无为，天性了然，天地万物的造化，则无不在身心之中。因为天性本自清净，本不生灭，本不动摇，本自具足，能生万法，此即人之无为的妙处。

4.【**故取天下者，常以无事**】所以，要得天下，不可有私欲之心，或仗恃兵的力量。有道之人，他会以道德仁义取天下，而取天下，贵在取天下人心，如古圣尧舜即是典范。

5.【**及其有事，不足以取天下**】而秦始皇恰恰相反，他以私欲作为，靠兵强马壮，疯狂厮杀，吞并六国，欲将天下纳为己有，反而使人民痛恨，使天地神祇不悦，最终众叛亲离，此即反面鉴镜。

全章解读

此章，为学日益，为道日损之二语，宗于《易经》损益二卦。又，损其阴益其阳，损其恶益其善，损其情益其性，损其有益其无。故知，损益相对。

第四十九章 德善

圣人之心

标题解读

德善，即无善恶分别之心，对善与不善之人，均已善心待之，此即德善，此德善之心，即圣人之心。

全章经文

圣人无常心，以百姓心为心。善者吾善之，不善者吾亦善之，德善矣。信者吾信之，不信者吾亦信之，德信矣。圣人在天下惵惵，为天下，浑其心。百姓皆注其耳目，圣人皆孩之。

章节解读

1.【圣人无常心，以百姓心为心】圣人的心，随百姓的心态习俗，而随宜制化，不以一己之见教人，更不以私见或分别之心待人。

2.【善者吾善之，不善者吾亦善之，德善矣】圣人无分别之心，对善与不善之人，均以仁慈之心、平等之心，去亲近他，去感召他，这是圣人的善德。

3.【信者吾信之，不信者吾亦信之，德信矣】圣人在待人接物方面，对守信或不守信的人，皆以诚信对待。不诚信的人，能受圣人的德信感召，而归于诚信，这就是圣人的德信。

4.【圣人在天下惵惵，为天下，浑其心】圣人活在天地之间，常常为天下百姓之不知泰然自处，更做出违背道德的丑事而担忧，而恐惧不安。所以，圣人何等地慈悲，他为天下百姓的福祉，而混浊了自己清净的天性。

5.【百姓皆注其耳目，圣人皆孩之】圣人如此慈悲，天下百姓，皆以他为依归，时时仰望他，想听他的道理，想看他的慈容。圣人有这种无上的德威，他视天下百姓，就像自己的孩子一样，去教导，去感化他们，这就是圣人的可敬之处。

全章解读

此章重在昭示，圣人为人不为己，以仁德之心为天下百姓，不以分别之心待人，此同于佛家之慈悲心。

第五十章 生死

出生入死

标题解读

生死是一种假象，是一念无明的幻化，即一念无明而幻化出身心，则有了生死。但生命中还有一个超越生死的真身，即金刚不坏法身。知此，当借假身修真身，以超越生死，解脱六道轮回之苦，回归永恒真乐。

全章经文

出生入死。生之徒十有三，死之徒十有三，人之生，动之死地者，亦十有三。夫何故？以其生生之厚。

盖闻善摄生者，陆行不遇兕虎，入军不被甲兵。兕无所投其角，虎无所措其爪，兵无所容其刃。夫何故？以其无死地。

章节解读

1.【出生入死】人与万物，有出生，就有死亡。

2.【生之徒十有三】人之生死可分三种，第一种是儿童，在将生长的年龄就夭折了，比例为十分之三。

3.【死之徒十有三】第二种是老年人，在将死的年龄死亡，比例也是十分之三。

4.【人之生，动之死地者，亦十有三】第三种是中年人，中年时期就转向死亡，其比例也是十分之三。

5.【夫何故？以其生生之厚】中年人为何如此？是因其嗜欲太深，自奉太厚，常因贪欲而劳损了生命，因此早亡。

6.【盖闻善摄生者】但听说，很会修心养性之人，死亡比例不到十分之一。这种人，他超越了生死的假相，所以他生也不喜，死也不悲，因为他已领悟到，真我之大生命，是不生不死，即超越生死。

7.【陆行不遇兕虎】这种人，在陆地行走，不会遇到老虎之类的凶兽，就是遇到，凶兽也不会伤他，为什么？因为圣人慈怀爱物，不伤害万物，就像动物园的园丁一样，他了解动物的心，动物也了解他的心，所以就不会被伤害。

8.【入军不被甲兵】而且这种人，即使入战场，也出入无妨，因为，圣德之人，将帅士兵，都敬畏他。

9.【兕无所投其角】以上圣德之人，犀牛虽凶悍，却不以角攻击他。

10. **【虎无所措其爪】**老虎虽凶猛，可是看到他，爪子也好像失去作用。

11. **【兵无所容其刃】**连士兵作战的刀器，看到这种人，也都不知道攻击。

12. **【夫何故？以其无死地】**这是何因？就是因为，他将生死交付天地，视万物为一体，已物我两空，我空之下，因果已了，因果既了，岂有死亡。

全章解读

此章重点阐释，天性真我，超越生死，生命永恒，不受凶害遇难成祥。不但圣人在世不受凶害，遇难成祥，且不在世时，亦同样威灵。如河南鹿邑老子之飞升台，据说抗日战争期间，日军对其发射迫击炮弹共十三枚，却无一爆炸，使日军深受感化。由此可见，圣人之言，真实不虚。

第五十一章 尊贵

道的真性

标题解读

尊，指道，贵指德。世出世间，惟道德至尊至贵。道的真性，即无为而为，无所不为。

全章经文

道生之，德畜之，物形之，势成之。是以万物莫不尊道而贵德。道之尊，德之贵，夫莫之命而常自然。

故道生之，德畜之，长之育之，成之熟之，养之覆之。生而不有，为而不恃，长而不宰，是谓玄德。

章节解读

1.【道生之】道为万物之母，万物由道而生。

2.【德畜之】万物生出后，要以德滋润。此德，就是天地中的阳和之气，即中气。此中气，能蕴育万物，使其成长。

3.【物形之】成长以后，才有种种万物。万物由无形之道而生，由无形天地之德而成，故由有形的万物，才知无形道德的伟大。

4.【势成之】万物生长以后，若无四季寒暑的更替、阴阳互换的交流，虽生长了万物，也难使万物成熟。所以势之所在，就有阳春之气的生物长物培物，及寒秋之气的收物成物逼物，这是四时的代谢。

5.【是以万物莫不尊道而贵德】所以，万物没有不尊崇道及贵重德的。

6.【道之尊，德之贵，夫莫之命而常自然】道虽尊，德虽贵，却不自命不凡，仍以自然处之，如此反而得到永恒自然的尊贵。

7.【故道生之，德畜之，长之育之，成之熟之，养之覆之】所以，道生万物，德润万物，让其长大，又给其抚育，让其自立成长，又让其成熟，让其长养，又给其覆护的大恩。

8.【生而不有，为而不恃，长而不宰】然而，道还不以为己有，如此大作为，它还不仗恃己能，虽为万物之主，但仍不以主宰自居。

9.【是谓玄德】所以道之大德，深远至极。

全章解读

此章重点昭示，人当尊崇道德。道德之尊，在于成己成人，成人成物，在于长养万物，而不为己有，纯然无为而为。

第五十二章 守母

道的本源

标题解读

守母，即守道，守太极，守一，守天性。道的本源，即一。

全章经文

天下有始，以为天下母。既得其母，以知其子。既知其子，复守其母。殁身不殆。

塞其兑，闭其门，终身不勤。开其兑，济其事，终身不救。

见小曰明，守柔曰强。用其光，复归其明，无遗身殃，是谓习常。

章节解读

1.【天下有始，以为天下母】天地万物，皆有本源，这个本源，就是道。道生天地万物，故道为天地万物之母。

2.【既得其母，以知其子】既知道生天地万物，则知道为母，物为子，道为体，物为用。然而现在的人，只知物而不知道，只重子而轻母，是背道而驰。

3.【既知其子，复守其母，殁身不殆】因此，悟道之后，尊道而行，身亡之时，也无恐怖与危险，因为，你已回归到道母的怀抱。

4.【塞其兑，闭其门】所以，欲不让精气神外漏，就要堵住人的欲望之口。

5.【终身不勤】修道之人，若能塞闭眼耳鼻舌身意六贼之门，一生受用不尽，不必过多勤劳，可自然成就大道。

6.【开其兑，济其事，终身不救】否则，不知闭住六贼之门，只知仗恃才能，而丧心争斗于红尘之中，那就终身不可救药了。

7.【见小曰明】能察觉微小之事，才是明白大道。

8.【守柔曰强】能守住柔弱之道，才是真正刚强。

9.【用其光，复归其明，无遗身殃】但是，明白大道还不够，仍须回光反照，使得身心内外明澈，归于灵明觉悟之中，身就不会有灾殃。

10.【是谓习常】能够这样做的人，就能达到身心无挂碍，安然自在，可谓，实行大道，已习以为常。

全章解读

此章重在明示，道之本源，即是天性。何以复其天性？贵在都摄六根，守中抱一。此章可参考第五章。第五章名守中，此章称守母。中即母，母即中，中与母，皆为人之天性。

第五十三章 大道

大道之行

标题解读

标题旨在阐明，道的根本，在于力行。

全章经文

使我介然有知，行于大道，惟施是畏。大道甚夷，而民好径。朝甚除，田甚芜，仓甚虚，服文彩，带利剑，厌饮食，财货有余，是谓盗竽。非道也哉！

章节解读

1.【**使我介然有知，行于大道，惟施是畏**】假使我有一些智能，要行于大道的话，仍须谨慎。若不谨慎，还恐会入歧途，这为什么呢？

2.【**大道甚夷，而民好径**】大道本来平坦宽广，可贪妄之人，喜欢小路，结果不但无益，反而害了自己。

3.【**朝甚除**】官员的朝纲，都已不保。

4.【田甚芜】百姓的田地，都已荒芜。

5.【仓甚虚】仓库的粮食，都已空虚。

6.【服文采】贪官污吏，着华服显尊贵。

7.【带利剑】身带利剑，夸耀自己强悍。

8.【厌饮食】追求美食，而吃喝享受。

9.【财货有余】自己财货有余，而不去接济穷人。

10.【是谓盗竽】像这种人，是罪大恶极。

11.【非道也哉】如此作为，岂是合道呢？！

全章解读

此章着重阐述，为政者，当去奢去泰，勿骄奢淫逸、中饱私囊，当关心民众疾苦。

第五十四章 善建

修齐治平

标题解读

善建，是指善于建立道德。修齐治平，是指修身齐家，治国平天下。标题旨在教导人们能够修身齐家，治国平天下，止于真性，如此，才是真正的建立道德。本章宗于《易经》第二十卦，即观卦。本章是内圣外王之道的精髓。

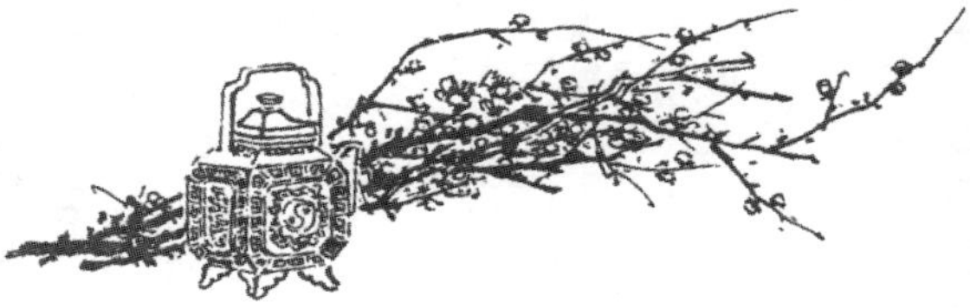

全章经文

善建者不拔，善抱者不脱，子孙以祭祀不辍。

修之于身，其德乃真；

修之于家，其德乃余；

修之于乡，其德乃长；

修之于邦，其德乃丰；

修之于天下，其德乃普。

故以身观身，以家观家，以乡观乡，以邦观邦，以天下观天下。吾何以知天下之然哉？以此。

章节解读

1.【善建者不拔，善抱者不脱】天地之间，建立的有形之物，易被拔去。唯有善于建立道德，才不易被拔去，因为道德无形，力量再大也无法拔去，也无其他力量能让无形的道德脱落。

2.【子孙以祭祀不辍】生的时候，力行道德，死了之后，享有社稷宗庙，让子子孙孙祭祀，代代相传不绝。

3.【修之于身，其德乃真】从自身开始，修行道德，道德才如此完善，此即修身之效。

4.【修之于家，其德乃余】自身道德修持完善的人，必能使家庭五伦和睦，使其家人得到余荫，此即齐家之效。

5.【修之于乡，其德乃长】家道能齐，自然德化乡里，则乡里之间，必然得到教化上的长处，此即处事之效。

6.【修之于邦，其德乃丰】家家和睦，乡乡道德，国家必然安定兴旺，此即治国之效。

7.【修之于天下，其德乃普】一国修行道德，道德就能普化于天下，此即平天下之效。

8.【故以身观身】因此，明白以上道理之后，我就以自己的身心体悟，去观察别人的身心作为。

9.【以家观家】以自己的家庭教化，去观察他人的家庭教化。

10.【以乡观乡】以自己的家乡教化，去观察他乡的教化。

11.【以邦观邦】以自己的国家教化，去观察他国的教化。

12.【以天下观天下】以现在的天下教化，去观察未来天下的教化。

13.【吾何以知天下之然哉？以此】我何以知道天下的变化呢？就是通过以上修齐治平之道，力行而得。

全章解读

此章，首明无形大道，即开示天性；次明子孙祭祀，即不忘先祖，实为不忘本，亦即不忘天性；三明修齐治平，为修道次第；四明以观卦立教，为圣教极则。

此章所示修齐治平之道，与儒家《大学》之明明德、亲亲、新民、止于至善之四纲领，为同一道；与《中庸》之以三德修身、五伦齐家、九经治国、一诚平天下，亦同一道；与佛家止观定慧、开慧成佛、成佛救度众生，与《易经》之修齐治平、止于寂然不动，皆同一道。

此章是道德经守中抱一，在人事上的具体运用，是中道的具体法则，是修道的根本次第。

此章又是圣人为天下立教的根本。如观卦卦辞曰“以神道设教天下人服矣”，此神则指天性，非宗教有形象之神，参学易之观卦，其义自明。

第五十五章 含德

厚德之人

标题解读

含，即宽容。含德，即包容宽厚之德。如此包容宽厚之人，即是厚德之人。

全章经文

含德之厚，比于赤子。毒虫不螫，猛兽不据，攫鸟不搏。骨弱筋柔而握固。未知牝牡之合而朘作，精之至也。终日号而不嗄，和之至也。知和曰常，知常曰明，益生曰祥。心使气曰强，物壮则老，是谓不道，不道早已。

章节解读

1.【含德之厚，比于赤子】德性深厚之人，就像天真无邪的赤子，那么无知无识，那么顺其自然。

2.【毒虫不螫，猛兽不据，攫鸟不搏】所以，不怕毒虫之螫，不怕猛兽之伤，不怕凶鸟扑抓他，因为他毫无伤人之心，亦无惧怕之意，心灵中纯然物我两忘。

3.【骨弱筋柔而握固】婴儿虽筋骨柔弱，可当他握起小拳头，却是非常的硬朗。

4.【未知牝牡之合而朘作】他虽然不懂得男女之间的情欲，更不懂雌雄之间的交合，可他的真阳之物，却能常勃起。

5.【精之至也】这是其真精达到至极的表现。

6.【终日号而不嗄，和之至也】他终日号哭，声音却不沙哑，这是他守持太和之气，达到至极的表现。

7.【知和曰常】以上可知，赤子骨弱而握固，无知而阳举坚，哭叫而不嘶哑，是他保全了太和之气。而成人却不能保全太和之气，则因我们身有情，即吃喝嫖赌吸，心有欲，即贪嗔痴慢疑，性中有脾气，即怒恨怨恼烦。身有物情，而使心生私欲，即贪心，贪得则喜，贪不得则生烦恼，则发脾气，嗔心一动，而元气耗损，则天性永失，这就是我们不能返回先天真常，而轮转生死的根本。

8.【知常曰明】知道真常之道的人，算是明白真我的人，明白真我的人，即是明智之人。

9.【益生曰祥】保养先天太和之气，可以增益长生，就吉祥。

10.【**心使气曰强**】现代的人，不但不养中和之气，反而暴躁妄动增长阴气，自以为刚强，其实不道。

11.【**物壮则老**】暴躁妄动，是勉强行为，此不长久，就像万物，强壮则老，老则早日走向死亡。

12.【**是谓不道，不道早已**】所以，这都不合道，不合道，就要早日自我灭亡。

全章解读

此章明示，道即天性。去身之不良嗜好，除心之私欲，化性之禀性，则圆满天性。如此修行，即是有德，有德方能得道，得道则超越生死。

第五十六章 道贵

悟道的人

标题解读

道贵，天地间至尊至贵者道。故悟道的人，亦至尊至贵。

全章经文

知者不言，言者不知。塞其兑，闭其门，挫其锐，解其纷，和其光，同其尘，是谓玄同。

故不可得而亲，不可得而疏；不可得而利，不可得而害；不可得而贵，不可得而贱。故为天下贵。

章节解读

1.【知者不言】悟道真人，心与道合。然道却难以言表，就像释佛所说，无法可说，是名说法；又如禅宗偈子，达摩东来一字无，全凭心意用工夫，若要纸上寻佛法，笔尖醮干洞庭湖。可见，道之不可思议，是何等微妙。所以，智者不过多言说。

2.【言者不知】可是，偏有好炫耀自己的人，喜欢在大庭广众之下高谈阔论，其实，多言的人反不是智者。

3.【塞其兑】所以，有道之人，会塞住口舌纷争。

4.【闭其门】关闭他的六贼之门。

5.【挫其锐】挫折他的锋芒锐气。

6.【解其纷】解脱他的纷扰。

7.【和其光】有德之人，毫无高傲之心，既是有功于众，也能谦卑随顺，与众和合，像灯光与灯光，混合为一，相得益彰。

8.【同其尘】不标新立异，不虚伪粉饰，能随俗同尘。

9.【是谓玄同】这就是深奥的玄妙齐同境界。

10.【故不可得而亲】悟道之人，难以亲近，因其心同虚空，不染情欲。

11.【不可得而疏】难以疏远，因其慈悲为怀，使人难以舍弃他的恩德。

12.【不可得而利】难以利益，因其淡然无欲，一心只想利益众生而已。

13.【不可得而害】难以加害，因其心已解脱，早已超越生死的假相。

14.【不可得而贵】难以贵重，因其不贪富贵，视名利如浮云。

15.【不可得而贱】难以轻贱，因其内心尊贵，如怀至宝般的牟尼宝珠。

16.【故为天下贵】因其内心清静，寂然不动，褒贬毁誉，一切归零，这才是天下最尊贵的人。

全章解读

此章主旨，赞叹悟道圣人境界及圣人处事法则，简言之，即物我两忘，而不动性。

第五十七章 治国

治国之道

标题解读

以道治国，为长治久安之道。为何？因道无为，无为则无争，无争则国泰民安。治国之道，贵在内圣外王，即修齐治平，止于真性。

全章经文

以正治国，以奇用兵，以无事取天下。吾何以知其然哉？以此。

天下多忌讳，而民弥贫；人多利器，国家滋昏；人多伎巧，奇物滋起；法令滋彰，盗贼多有。

故圣人云：我无为而民自化；我好静而民自正；我无事而民自富；我无欲而民自朴。

章节解读

1.【以正治国】治理国家，要用正道，不以奇巧。

2.【以奇用兵】用兵作战，不得已时，才用奇巧。

3.【以无事取天下】治理天下，以无为而为，即以天性做事，才可以取得百姓的心。

4.【吾何以知其然哉？以此】我何以知此？就是以下的道理，给我的启示。

5.【天下多忌讳，而民弥贫】治理国家，若政令禁忌太多，就不能便民，人民就无法顺利生活，也无法顺利工作。因此，农工商生产就要减少，经济就要萧条，所以，人民就会越来越贫穷。

6.【人多利器，国家滋昏】如果人民多有杀人利器，凶杀事件自然就多，国家就会更加混乱。

7.【人多伎巧，奇物滋起】如果人民多有伎巧之心，邪恶奇怪的事物就滋生泛滥。

8.【法令滋彰，盗贼多有】法令越多之时，就是道德仁义越失落之期，此时，盗贼就会越来越多。

9.【故圣人云：我无为而民自化】所以古圣说，只要我自然无为，顺天应人，人民就会自我约束，自我导化。

10.【我好静而民自正】只要我不纵欲，不妄动，虚心清净，不动性，人民就自然归正。

11.【我无事而民自富】只要我不施禁忌太多的政令，去干扰百姓的行动与安宁，就是便民利民，人民就自然富足。

12.【我无欲而民自朴】只要我不贪求欲乐享受，人民自然就会归于纯朴。

全章解读

此章明示治国之道，即一人正，则一国正，一国正，则天下皆正。正，贵在正己不正人。己正，不令而从；己不正，虽令不从。

第五十八章 察政

治国方针

标题解读

察，即明察，分析。政，即正。正字，即止加一，即止于一，一即道。察政，即是明察为政之人自身正与否，自身正，即是政，即是最好的政治。为政之人，能止于一，即是最好的治国方针。

全章经文

其政闷闷，其民淳淳；其政察察，其民缺缺。祸兮福所倚；福兮祸所伏。孰知其极？其无正耶。正复为奇，善复为妖。人之迷也，其日固久矣。是以圣人方而不割，廉而不刻，直而不肆，光而不耀。

章节解读

1.【其政闷闷，其民淳淳】治国方针，若能胸襟宽大，人民反而过得淳朴安定知足。

2.【其政察察，其民缺缺】治国方针，若私智自用，严刑苛罚，人民反而狡诈多端，忧虑不安。

3.【祸兮福所倚】因此，灾祸之中，已经隐藏了幸福的到来。比如说，遭受灾祸的人，才知道幸福可贵，因此才知道行道立德，追求永恒真我。

4.【福兮祸所伏】幸福里面也潜伏着灾祸。比如说，没经历灾祸的人，则不知珍惜幸福，奢侈浪费，为非作歹，造下罪业，一旦因果成熟，就感召灾祸。

5.【孰知其极？】但是，像这种物极必反，祸福循环，因果报应的自然道理，谁能知其究竟呢？

6.【其无正耶，正复为奇】所以，人心不古，则是非颠倒，本来是正确道理，人们却认为是奇谈怪论。

7.【善复为妖】本来是善的教导，人们却认为是恶的行为。

8.【人之迷也，其日固久矣】因为世人迷昧，不分善恶的日子太久了。

9.【是以圣人方而不割】所以，唯有圣人的治国方针，能在方正之中，保持没有锐利的棱角去割伤他人。

10.【廉而不刻】他为人清廉，处事厚道，绝不苛刻太甚。

11.【直而不肆】他为人正直，但绝不直率得过于放肆。

12.【光而不耀】他心性光明，但绝不自我炫耀，这就是圣人之厚德。

全章解读

此章主旨，谈圣人治国理政，当用中道，不走极端，以厚德为本，以仁爱为方。厚德即修己，仁爱即爱人爱物。

第五十九章 长生

治人事天

标题解读

何为长生？唯道如是！唯以道治人事天，方可达长生久视之道。

全章经文

治人事天，莫若啬。夫惟啬，是谓早服。早服谓之重积德。重积德则无不克，无不克则莫知其极。莫知其极，可以有国。有国之母，可以长久。是谓深根固蒂。长生久视之道。

章节解读

1.【治人事天，莫若啬】治理世人，事奉上天，最好的方法，就是精气神不妄泄。

2.【夫惟啬】因为精气神不妄泄，就能回复永恒的天性。

3.【是谓早服】像这种事，如同起床之后要穿衣服，是首要的事。

4.【早服谓之重积德】起床穿衣，早已习惯成自然，我们的德性，若能如此累积成习，一定深厚至极。

5.【重积德则无不克】厚德之人，他要治理世人，事奉上天，就没有不能胜任的。

6.【无不克则莫知其极】既然是没有不能胜任的，就难以估计他力量的极限。

7.【莫知其极，可以有国】像这种力量难以估计的人，就可以担负治理国家的重任。

8.【有国之母，可以长久】有这样的人治理国家，就像国家的褓母一样，能率自然之道治理天下，天下当然可以长久。

9.【是谓深根固蒂】就好像根深蒂固的树，必能结出丰硕果实。

10.【长生久视之道】若以这个道理，用于修身养性，则得灵性永恒，长久地生存在人们眼前，让人崇敬、奉养、朝拜，因为治国与修身之道相同。

全章解读

此章重在明示，治国之道，在于用极。极即太极，太极即中道，即中庸，即中行，即用天性做事。治国之道如此，修身之道亦如此。而修身在先，只有身修，方能家齐、国治、天下平，而终止于真性。故修身为齐家治国平天下之大根大本，其序不可乱。反言之，齐家治国平天下，止于真性，必须从性心身三界修起。而性心身三界，必须从去身界不良嗜好修起，因身界不良嗜好为后天所有，易去掉。身界清，心界则易清，身心既清，天性自复光明。

第六十章 治国

纯朴祥和的世界

标题解读

如何才能达到纯朴祥和的世界？即以道治国！

全章解读

治大国若烹小鲜。以道莅天下，其鬼不神。非其鬼不神，其神不伤人。非其神不伤人，圣人亦不伤人。夫两不相伤，故德交归焉。

章节解读

1.【治大国若烹小鲜】治理大国如同烹煎小鱼，不能常常翻动它，否则，就会将小鱼煎得破碎不堪。治理国家，不要常常变更政策，否则，人民则难以适应，感到烦闷，产生怨气，失去安定。这都是为政之人失去诚信，造成人民对遵守法律也失去信心的结果。

2.【以道莅天下】为政之人，若能以无为之道，清正廉洁，诚信为民，天下自然和气致祥。

3. **【其鬼不神】**连恶鬼的作乱，也难以显灵。

4. **【非其鬼不神，其神不伤人】**非但恶鬼难以显灵，就是威灵的神明也不伤人，因为百姓皆善，神爱善人，无所不及，岂能伤人。

5. **【非其神不伤人，圣人亦不伤人】**非但威灵的神明不伤人，就是圣人，看到人民善气祥和，他也不必使出浩然正气，去伤害为非作歹的小人。

6. **【夫两不相伤，故德交归焉】**若能无为而为，无形的鬼神，与在世的圣人，都不伤人，这就是天下德性感应道交之时。此时，天下人，就好像回归到天真与纯朴的世界里，是那样的祥和与清静。

全章解读

此章重在开示：以道治国，国无不治；以人合天，天人合一，人神感应，道交至极，祥和之气，自然而至。

第六十一章 为下

大国谦卑小国谦恭

标题解读

标题宗于《易经》谦卦，谦卦性德，即谦卑低下。为下，即谦卑低下。大国对小国能谦卑低下，小国对大国能谦卑恭敬，则世界自然安定祥和。

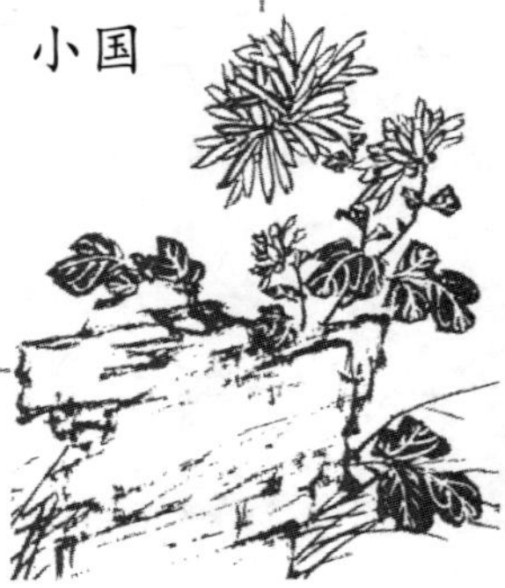

全章经文

大国者下流，天下之交。天下之牝，牝常以静胜牡，以静为下。故大国以下小国，则取小国；小国而下大国，则取大国。

故或下以取，或下而取。大国不过欲兼畜人，小国不过欲入事人。夫两者各得其所欲，故大者宜为下。

章节解读

1.【大国者下流】大国，当学大海，卑下自处，甘居下流。

2.【天下之交】唯居下流，才能成为百川众流交会的归处。

3.【天下之牝，牝常以静胜牡】天下的雌性动物，虽然常以柔静自处，但却能胜过雄性的刚强躁动。

4.【以静为下】这就是以静定为下，反能胜刚强躁动的原因。

5.【故大国以下小国，则取小国】所以说，大国若能以谦卑自处，更以诚信礼节对待小国，就可以取得小国的信服，更能取得小国的归向之心。

6.【小国而下大国，则取大国】小国若能谦卑自处，更以诚信礼节对待大国，就能取得大国的信任，更取得大国的养护之意。

7.【故或下以取】所以，无论是大国谦下，以取小国的信服。

8.【或下而取】或是小国谦下，以取大国的信任，都是以谦下为本。

9.【大国不过欲兼畜人】大国为政的最终目的，只不过是爱护天下百姓，既然天下百姓皆归安定纯朴，大国政治使命即是达成。

10.【小国不过欲入事人】小国为政的最终目的，只是愿意人民过得平安无事，因此他对大国的要求，也只是希望平等对待而已。

11.【夫两者各得其所欲】因此，无论大国小国，欲达上述目的，首先都要谦卑自处。

12.【故大者宜为下】而且，最要紧的就是大国，首先以谦卑低下做模范，能此，天下自然太平。

全章解读

此章，宗于《易经》谦卦。谦卑低下，以柔胜刚，即谦卦在外交中的运用。当今世界，某些国家，刚愎自用，以武逞强，故使得世界不太平，其因在于背谦道而驰。

第六十二章 道奥

道的奥妙

标题解读

标题即指道为万物之中最为精奥玄妙的东西。

全章经文

道者，万物之奥。善人之宝；不善人之所保。美言可以市，尊行可以加人。人之不善，何弃之有？

故立天子，置三公，虽有拱璧以先驷马，不如坐进此道。古之所以贵此道者何？不曰求以得，有罪以免耶，故为天下贵。

章节解读

1.【道者，万物之奥】道是万物之中，最精微最奥妙的东西。

2.【善人之宝】善人经常把道视为，修身修心修性及齐家治国平天下的至宝。

3.【不善人之所保】就是不善的人，也会依赖道来保护自己。例如俗语说，盗亦有道，就是最佳的佐证。

4.【美言可以市】所以有时，当你讲出一句合道善美之言，就可获得别人的尊重。

5.【尊行可以加人】能尊道而行，就能被人看重。

6.【人之不善】人因迷昧，常有做出不善之事的时候。

7.【何弃之有？】有错不怕，只要有改过向善之心，就不会被遗弃。但是，最怕的是，忏悔不真，道心不坚，禀性不改，力行不恒，所以才会自弃弃人，为人所弃。

8.【故立天子，置三公，虽有拱璧以先驷马】所以说，如果不依道而行，即使拥有王位，又设置了文武百官，前呼后拥，两手拥有希世珍宝，乘坐富丽堂皇的马车，如此尊贵荣华。

9.【不如坐进此道】还不如精进修道，深入道心，来得实在永恒。

10.【古之所以贵此道者何？】古代圣人，之所以如此尊贵大道，是为什么？

11.【不曰求以得】无不是因为，日日求道，日日行道，否则，便要背道而行，一旦背道而行，就要造下罪业。（曰：语气助词，是。）

12.【有罪以免耶】一旦造下罪业，就难以免受因果的惩罚。

13.【故为天下贵】所以，道是天下最尊贵的。

全章解读

此章，贵在重道。可惜，今人皆重财轻道，不知有道有德则有财，即君子爱财，取之以道。

第六十三章 无难

圣人处事

标题解读

世上无难事，只怕有道人。因为，难与易相对，难与易皆出于无。能无为而为的圣人，易者自易，难者亦将化为易，由此可知，圣人处事，则无难事。

全章经文

为无为，事无事，味无味。大小多少，抱怨以德。

图难于其易，为大于其细。天下难事，必作于易；天下大事，必作于细。是以圣人终不为其大，故能成其大。

夫轻诺必寡信，多易必多难。是以圣人犹难之，故终无难。

章节解读

1.【为无为】圣人做事，不是为了私欲，纯是为了大公无私。

2.【事无事】圣人行事，不用心机，天性纯然，以虚无为怀而行事。

3.【味无味】圣人品味，不为情欲而品味，纯以自然淡泊无味而品味。

4.【大小多少】凡人心德欠缺，常以大为小，以多为少。而圣人却相反，他天性中一切具足，无有贪心，常能以小为大，以少为多。

5.【抱怨以德】圣人无怨，假使遭到误会，对怨恨他的人，他仍以德报怨，绝无报复之心。

6.【图难于其易】因此，欲学圣人行为，必先从易事做起，能将容易之事做好，困难的事情就能做好。

7.【为大于其细】做大事也一样，先把细小事情做好，大的事情，自然能做好。

8.【天下难事，必作于易】所以说，要做天下的难事，必先从容易的事情开始。

9.【天下大事，必作于细】要做天下的大事，必先从细小的事情开始。

10.【是以圣人终不为其大】因此，圣人行事，他总是先从小到大，并非一下就能做成大事业。

11.【故能成其大】所以，他根基稳固，终能成就大业。万物皆由小到大，由弱到强，这是自然规律。可是，凡人缺乏心性修养，总轻视小事情，而妄想做大事，恰是背道而行，故事与愿违。

12.【夫轻诺必寡信】轻易许诺，必然是缺少信用的人。

13.【多易必多难】事先把事情看得很容易，且无准备，实际中所遇困难，反而越多。

14.【是以圣人犹难之，故终无难】所以，圣人居易思难，事事戒慎，时时反省，最终，天下无难事。

全章解读

此章重在阐明，大始于小，难起于易。人体性心身三界中，天性为大，身心为小，天性难见，身界易修，故欲见难见之天性，必从易修之身界起修，此即中等根性之人修行次第。

第六十四章 辅物

修己治人的方针

标题解读

辅物，即成就万物回归自然。修己治人的方针，即正己化人，成己成人，无为而为，无所不为。

全章经文

其安易持，其未兆易谋，其脆易泮，其微易散。为之于未有，治之于未乱。

合抱之木，生于毫末；九层之台，起于累土；千里之行，始于足下。

为者败之，执者失之。是以圣人无为，故无败；无执，故无失。民之从事，常于几成而败之。慎终如始，则无败事。

是以圣人欲不欲，不贵难得之货；学不学，复众人之所过。以辅万物之自然而不敢为。

章节解读

1. 【其安易持】国家安定之时，为政之人，容易治理。

2. 【其未兆易谋】为什么？因为此时稍有纷乱的萌芽，便能一目了然，而容易谋划相应对策。

3. 【其脆易泮】一件事情，刚开始时比较脆弱，较脆弱的东西，就易分化。

4. 【其微易散】微小的东西，容易散失。

5. 【为之于未有】所以，要做好一件事，开始前一定要预先绸缪。

6. 【治之于未乱】治理国家，也是如此，未乱之前，就先做好预防。

7. 【合抱之木，生于毫末】一棵两人合抱的大树，是从一粒细小的种子，开始萌芽的。

8. 【九层之台，起于累土】一栋九层楼高的平台，也是从一筐筐的泥土，累积起来的。

9. 【千里之行，始于足下】千里行程，也要从脚底，踏出第一步。

10. 【为者败之，执者失之】因此，行为不当的人，一定会失败，因为他太执着、太任性。太执着任性的人就是缺德，缺德必失去一切。

11. 【是以圣人无为，故无败；无执，故无失】所以，圣人就守住浑全的德性，不与人纷争，也无执着得失之心，所以，就没有失败的痛苦。

12.【民之从事，常于几成而败之】世人做事，常在快要成功之时，因一时不慎，而遭到失败。

13.【慎终如始，则无败事】因此，如果能始终如一，保持谨慎，就不会失败。

14.【是以圣人欲不欲，不贵难得之货】所以，圣人所欲求的，是凡人所不欲求的。圣人欲求的是自在解脱，而不是贵重的金银财物。

15.【学不学】圣人所学的，是一般人所不喜欢学的。比如圣人所学的是内在性命哲学，而不是追求的世间知识及身外之物。

16.【复众人之所过】所以，圣人只想，回复到自己的天性，提醒世人，不要胡作非为，不要违背良知，补救众人常犯的过错。

17.【以辅万物之自然而不敢为】这就是圣人的作为，首先悟道行道，然后辅佐万物，回归自然纯朴大道。因此，圣人的责任太大，世人的注目太深，所以他更不敢胡作非为，而乱了修己治人的方针。

全章解读

此章，宗于《易经》豫卦。凡事预则立，不预则废。能豫能慎，能行能成，能成己成人，成人成物，成物质世界，为道德世界，成小康世界，为大同世界，此圣人之天职。

第六十五章 玄德

回归纯朴

标题解读

玄德，即厚广渊深之德。持守玄德方可回归纯朴，方可回归自然。

全章经文

古之善为道者，非以明民，将以愚之。民之难治，以其智多。

故以智治国，国之贼；不以智治国，国之福。知此两者，亦楷式。

能知楷式，是谓玄德。玄德深矣远矣，与物反矣。然后乃至大顺。

章节解读

1.【古之善为道者，非以明民】古时，善以道治国的人，不教人民用巧智。

2.【将以愚之】而教人民纯朴敦厚。

3.【民之难治，以其智多】人民之所以难治，因其使用太多的智巧心机。

4.【故以智治国，国之贼】所以，以智治国，等于教人民互相斗智，如此，自然两败俱伤，国家就要动乱。因此，教人民斗智，是在教人民为贼。

5.【不以智治国，国之福】不以智巧治国，人心自然纯朴，人民生活自然安定无争，这是国家的福祉。

6.【知此两者，亦楷式】知道以上这两种道理的人，就可成为治理国家的模范。

7.【能知楷式，是谓玄德】如此之人，就是有玄妙德性之人。

8.【玄德深矣远矣，与物反矣】玄妙德性发挥到深远时，从外表看来，似乎与世俗相反。

9.【然后乃至大顺】然后，使人民归顺于纯朴，归顺于和谐的妙境，国家乃治。

全章解读

此章，宗于《易经》后天八卦之中五。中五为阳土，为仁；中十为阴土，为智，中十阴土，藏而不用。易道宗旨，显仁藏智，即拨阴取阳，故用五去十，用仁爱去智谋，此为道家守中抱一所本，为儒家止于至善、中和诚明所本，亦为佛家止观定慧所本。

【附】显五藏十、显仁藏智示意图

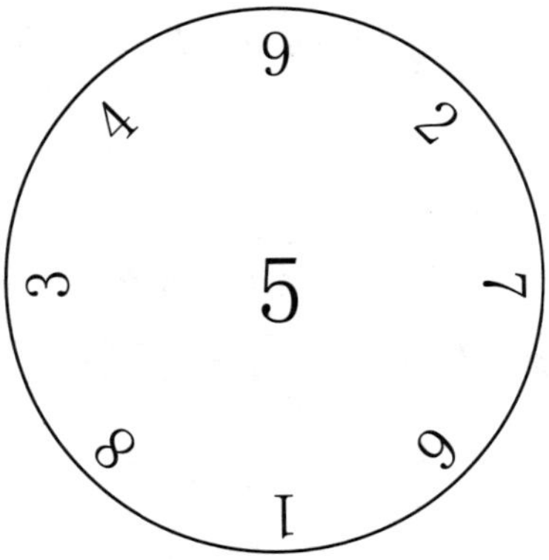

第六十六章 江海

谦卑低下

标题解读

标题宗于《易经》坎卦。坎水低下，近于道。江海，喻人之天性。谦卑低下，指江海之德行。标题昭示人的德性行为当如同江海一样，谦卑低下，能此，则近于道。

全章解读

江海所以能为百谷王者，以其善下之，故能为百谷王。是以圣人欲上民，必以言下之；欲先民，必以身后之。是以圣人处上而民不重，处前而民不害，是以天下乐推而不厌。以其不争，故天下莫能与之争。

章节解读

1.【江海所以能为百谷王者】汪洋的江海，之所以能成为百川众流之王。

2.【以其善下之，故能为百谷王】就是它善处低下之位，对于百川众流之水，无论净秽，皆能包容受纳，所以能为百川之王。

3.【是以圣人欲上民，必以言下之】因此，圣人能居万民之上，是因他言行一致，且先谦卑自己的言语，自称为下。

4.【欲先民，必以身后之】圣人能居于人民之前，是因他把自身的利益放在人民之后。所以，若想居于人民先前，首先自身要尊重人民，同时也会得到人民的尊重；反之，轻视人民，人民就轻视你。

5.【是以圣人处上而民不重】所以，圣人虽居上位，却谦虚为怀，而使下方人民，感受不到威重的心里压力。

6.【处前而民不害】圣人虽居人民之先，可人民会自然地崇敬他，不会嫉妒他或加害他。

7.【是以天下乐推而不厌】因此天下的人，都乐推举他，而不厌弃他。

8.【以其不争，故天下莫能与之争】因为他不与人相争，所以天下，也无人能与他争。

全章解读

此此章，宗于《易经》坤卦、坎卦、谦卦，即以柔顺、低下、谦卑之德为用。坎水阴柔，顺离火阳刚，刚柔相得，如同水火既济，即阴阳二气，合二为一，得一归〇，此即坎水性德之大用所在。

第六十七章 三宝

慈爱之心

标题解读

三宝，即慈、俭、不敢为天下先。此三宝暗指精、气、神。能慈，即是慈爱之心。标题旨在明示炼精化气，炼气化神，炼神还虚之道。

全章经文

天下皆谓我道大，似不肖。夫惟大，故似不肖。若肖，久矣其细也夫！

我有三宝，保而持之：一曰慈，二曰俭，三曰不敢为天下先。夫慈，故能勇；俭，故能广；不敢为天下先，故能成器长。

今舍其慈且勇，舍其俭且广，舍其后且先，死矣。夫慈，以战则胜，以守则固。天将救之，以慈卫之。

章节解读

1.【天下皆谓我道大，似不肖】天下人都说，我把道讲得很大，其实看不出道有什么能力，根本不像很大的样子。

2.【夫惟大，故似不肖】不错，就因为道很大，所以才不像任何东西。

3.【若肖，久矣其细也夫】如果它是某一种东西，岂不是，很久以前就被人认为，那是一件很细小的东西吗？

4.【我有三宝，保而持之】在修身处事方面，我有三个要诀，只要保持住它，就是你自身之道了。

5.【一曰慈，二曰俭，三曰不敢为天下先】第一是慈祥的爱心，第二是节俭纯朴的品性，第三是不敢高傲于别人之先的美德。

6.【夫慈，故能勇】因为慈爱，才能产生勇气。好比母亲，为了儿女勇于背负责任，这就是慈爱所发挥的勇气。

7.【俭，故能广】因为节俭，精气神不妄泄，所以才能精气神充足，使真气运转，三花聚顶，五气朝元，元神复位，然后逍遥天地，更能弘扬济世救人的广大事业。

8.【不敢为天下先，故能成器长】因为谦下，才受人尊敬，成为万物之首。这种德性的发挥，正是大器晚成的写照。

9.【今舍其慈且勇】现在人，舍弃慈爱之心，而好勇斗狠。

10.【舍其俭且广】舍弃节俭纯朴，而荒淫无度。

11.【**舍其后且先**】舍弃谦虚退让，而争尖抢先。

12.【**死矣**】像这种人，就是自我灭亡，自作孽不可活。

13.【**夫慈，以战则胜**】所以说，保持慈爱正气，才是永恒的勇气。此种勇，能战胜一切。

14.【**以守则固。天将救之，以慈卫之**】坚守慈爱，就能巩固地位。因为慈爱为天性所赋，尽其天性，天下人就会拥戴，能受拥戴，在上位的领导，自然能地位稳固。

全章解读

此章，重在阐释三宝，其中：慈属阳水，主精；俭属阳土，主气；不争属阳火，主神。故能守持慈、俭、不争之三宝，则可固身中精气神三宝，此即道家炼精化气，炼气化神，炼神还虚之道，虚即自然。由此可见，老子之道，深广无际，奥妙无穷！

第六十八章　不争

最佳勇士

标题解读

不争，即地道法则，即柔道，即柔顺谦让。用柔之士，方为最佳勇士，因为柔能胜刚。

全章经文

善为士者不武，善战者不怒，善胜敌者不争，善用人者为之下。是为不争之德，是为用人之力，是谓配天古之极。

章节解读

1.【善为士者不武】最佳的勇士，不会好斗逞强，绝不夸耀武力。

2.【善战者不怒】最好的战士，常保太和之气，养精蓄锐，绝不轻易暴躁发怒。

3.【善胜敌者不争】善于战胜敌人的将帅，不争先宣布和敌人交战，即使宣布交战，也是为了争取早日和平。

4.【善用人者为之下】善于用人的领导，常常诚信关怀部下，如此才能让部下信服拥戴。

5.【是为不争之德】以上这些，都是与人不争的美德。

6.【是为用人之力，是谓配天古之极】与人不争，是用人的真正力量，这就是配合天地之德，顺其古道的极致表现。

全章解读

此章，宗于《易经》讼卦。讼卦主争讼，人因自我，而贪而争，因争而讼，重者诉诸武力，乃至战争。故讼贵在求和，由讼致不讼，化争讼为和平，此讼卦九五爻辞所主，可参学《易经》讼卦。

第六十九章 用兵

真正的胜利

标题解读

用兵，即用兵之道。用兵之道，贵在用柔。以柔胜刚，方为真正的胜利。

全章经文

用兵有言：吾不敢为主而为客，不敢进寸而退尺。是谓行无行，攘无臂，仍无敌，执无兵。祸莫大于轻敌，轻敌几丧吾宝。故抗兵相加，哀者胜矣。

章节解读

1.【用兵有言：吾不敢为主而为客，不敢进寸而退尺】兵家有言：我不主动挑战，只有在对方开始攻击时，才起而应战；我不敢以残暴好杀之心，去争强争霸，我只想保全固有的国土，使战争早日平静。

2.【是谓行无行】如此行军作战，虽然军队士气高昂，却没有杀气腾腾的凶恶。

3.【攘无臂】虽然振臂高呼，却没有凶残暴虐的模样。

4.【仍无敌】虽然互相作战，却无不共戴天之仇，不是为了好杀而战，只为正义而战。如此慈爱光辉地作战，才能使军民团结如一人，试看天下谁能敌。

5.【执无兵】所以说，这种战争，虽然手里拿着兵器，却是正义之手，非杀人凶手。

6.【祸莫大于轻敌】灾祸的发生，都是好战好杀之人所引起，而这种人，会过分轻敌，轻敌则败。国家虽小，只要军民团结如一人，就远胜凶残暴虐的好战之军。为什么？因为，一个是顺天行事，为正义之师，一个是逆天而行，为邪恶之师，差别在此。

7.【轻敌几丧吾宝】因此，轻敌就会失去慈爱、节俭、不敢为天下先这三宝，失此，就等于失去国家的命脉。

8.【故抗兵相加，哀者胜矣】所以说，不以好杀好战去作战，而以悲悯苍生、顺天行事而出战的国家，会以胜利而告终。

全章解读

此章，宗于《易经》师卦，明示杀中存仁，效法天道，虽秋杀万物，是为冬藏春生，而非好杀。

第七十章 怀玉

我的道

标题解读

怀玉，指内圣，即有道的圣人。我的道，即老子之道。

全章经文

吾言甚易知，甚易行。天下莫能知，莫能行。言有宗，事有君。夫惟无知，是以不我知也。知我者希，则我贵矣。是以圣人被褐怀玉。

章节解读

1.【吾言甚易知，甚易行】我的言论很简单，很易了解，很易做到。

2.【天下莫能知，莫能行】现在天下的人，本性已迷昧，所以才不了解我的道，又难以遵照去做。

3.【言有宗，事有君】我我所说的道理，都有其宗旨，即道之体；我所说的事情，也都有其根据，即道之用。道之体，即中道，道之用，即柔顺刚。

4.【夫惟无知，是以不我知也】可是，世人不了解其宗旨，又不了解其根据，这都是人之耳目见闻受到污染已久的缘故，所以才不知我讲的道理，更不了解我的心意。

5.【知我者希，则我贵矣】明白我的道的人太少，大概是我的道太珍贵了吧。

6.【是以圣人被褐怀玉】因此，圣人就好像身着破衣，却内怀宝玉，别人怎能知道。破衣服即有，宝玉即无。

全章解读

此章，重在明示《道德经》宗旨之来源。老子《道德经》，非圣人臆造，每章每句经文的背后，都有一个宗旨，即宗于《易经》之象数，即宗于河图洛书之中五。《易经》由象名数，由数明气，由气明道。《道德经》经文及其经文所阐发的事理，皆宗于《易经》象数，此鲜为人知，皆因不明《易经》之故。所以，不明《易经》，很难明了《道德经》之微义。

儒家《大学》、《中庸》皆宗于《易经》，《道德经》亦是如此，圣人为将易道用于人事，故有了老子之《道德经》，有了孔子之《大学》与《中庸》。所以，欲明儒道文化，必须修学《易经》，因《易经》是中国传统文化的源头。树有根，水有源，知其源头，可察支流，故儒道经典与《易经》互参，可相得益彰。

佛家经典，亦是如此，如《金刚经》《楞伽经》《楞严经》《药师经》等，无不与易经息息相通。当明了《易经》《道德经》《大学》《中庸》后，再去研读佛经，将会事半功倍，亦必能融会贯通。简言之，一通百通，易通无所不通。

第七十一章 不病

知与不知

标题解读

不病，指中道。中则不病，病则不中。知有二义，一指知晓，一指知道，即明道。标题旨在明示，得道则不病，失道则病。

全章经文

知，不知，上。不知，知，病。夫唯病病，是以不病。圣人之不病也。以其病病，是以不病。

章节解读

1.【知，不知，上】此知，即明道。已经知道，却不认为自己知道的人，是真正知道的上等人，此即大智若愚。此节，旨在明示明道之人，大智若愚。

2.【不知，知，病】此知，即知晓。尚未知道，就自吹自擂，自以为知道的人，就是得了高傲自夸的病，此即大愚若智。

3.【**夫唯病病，是以不病**】此病，指迷惑不觉。唯有先知先觉的人，才不犯这种病，即不犯高傲自夸的病。

4.【**圣人之不病也。以其病病，是以不病**】圣圣人没有这种病，是因其知道高傲自夸为病，所以圣人就不患这种病。

全章解读

比章重在明示，人贵有自知之明，切勿自以为是。修道之士，不要轻易下断语，即使是对已知的事物，也不要妄自臆断，以谦卑为怀，戒自满自夸，大智若愚，才是真正的智者。总之，觉者不病，病者不觉，或中者不病，病者不中。身体之病，亦是如此。故守中之人，不会有病，有病之人，必未守中。

第七十二章 畏威

爱惜自我

标题解读

畏危，即指畏惧。爱惜自我，有二义，一指爱惜肉身这个假我，一指爱惜法身真我。标题旨在明示，通过爱惜肉体假身，可借假修真。

全章经文

民不畏威，则大威至矣。无狭其所居，无厌其所生。夫唯不厌，是以不厌。是以圣人自知不自见，自爱不自贵。故去彼取此。

章节解读

1.【民不畏威，则大威至矣】胡作非为，而又毫无畏惧之人，大的灾祸，很快就要降临。

2.【无狭其所居】不要心胸狭窄，要大度包容，就像四海之内皆兄弟，无方不是我的居所，无处不是我的归宿。

3.【无厌其所生】不要厌弃真我，应当赶快修身立命，得到真我，即可不生不死，不来不去，超越生死，自在解脱。

4.【夫唯不厌，是以不厌】唯不厌弃真我，天地万物，才不会厌弃你。

5.【是以圣人自知不自见】所以，圣人只求明心见性，而不让外物蒙敝天性。

6.【自爱不自贵】所以，圣人爱惜真我，不受因果，从不贵重身外的荣华富贵。

7.【故去彼取此】因此，圣人看轻假身，追求真我，实现解脱。

全章解读

此章，重在阐释去与取，即去情欲，取天性，去智谋，取仁爱，去假我，取真我，去假有，取真无。

第七十三章 天网

因果之网

标题解读

天网，指天道规律。天道规律，不存私情，于万物无不公正，无论何人，作善得善，作恶得恶，此即因果，故知，因果如天网，天网恢恢，疏而不漏。若能无善无恶，则超越因果。

全章经文

勇于敢则杀，勇于不敢则活，此两者或利或害。天之所恶。孰知其故？是以圣人犹难之。

天之道，不争而善胜，不言而善应，不召而自来，坦然而善谋。天网恢恢，疏而不漏。

章节解读

1. 【勇于敢则杀】显示自己勇敢而逞勇好斗之人，必遭杀身之祸。

2. 【勇于不敢则活】不轻举妄动，又不逞强好斗的人，就可明哲保身。

3. 【此两者或利或害】这两种情况，一种是对己有利，一种是对己有害。

4. 【天之所恶】这就是上天的本意，厌恶逞强好斗之人。

5. 【孰知其故？】可是有谁知道其中的原因呢？

6. 【是以圣人犹难之】就是圣人，也难了解，但冥冥之中，却有定数，有这种感应。

7. 【天之道，不争而善胜】天的法则，不与万物相争，可从古到今，无论你怎样与天相争，最终永远是天得胜。

8. 【不言而善应】上天虽无言，而它却有不可抗拒的感应。

9. 【不召而自来】不用你召请，它自然降临下来。

10. 【坦然而善谋】报应较快的，反知道警惕，知道忏悔；报应较晚的，罪恶愈深重，灾祸愈惨烈。如此因果报应，好像上天早就谋算好了，其实无有主宰，皆自作自受，此乃自然规律。

11. 【天网恢恢，疏而不漏】这就是上天散布下来的因果罗网，它是那么广阔，那么稀疏，可是对因果报应，却丝毫没有漏失。

全章解读

此章，言因果报应。人自身即是一个宇宙，自具天地人三界，即性为天，心为地，身为人。违背天性，天良丧失，即是天灾；心不存道，只存自私自利，即是自投地狱；身犯国法，即是自投牢狱。人事的一切，皆是天地阴阳二气之感应，即：阳多则升天堂；阴盛则降地狱；阴阳各半，则投人间；无阴无阳，善恶消除，则为纯阳，纯阳之体，则超越天地人三界，直归佛国。此无主宰，皆自作自受，故因果报应，无有迷信，纯属自然。人不信因果，才是迷信。

第七十四章 司杀

暴政之一

标题解读

司杀，指司法之人。为政者，若杀伐太过，即是暴政。暴政即不仁，不仁即不道，不道即早早灭亡。

全章经文

民不畏死，奈何以死惧之？若使人常畏死，而为奇者，吾得执而杀之，孰敢？常有司杀者杀。而代司杀者杀，是谓代大匠斫。夫代大匠斫，希有不伤其手矣。

章节解读

1.【民不畏死】执政者若施行暴政，摧残百姓，一旦到了民不聊生之时，百姓就不会怕死，就会起来革命反抗。

2.【奈何以死惧之？】这个时候，执政的人若想以杀人而威胁百姓，又有何用呢？

3.【若使人常畏死】因此，百姓生活在安定之时，他是怕死的。

4.【**而为奇者，吾得执而杀之，孰敢？**】此时，若有人为非作歹，执政者以清明政风，将其拘捕，审判死刑，还有谁敢再来送死？

5.【**常有司杀者杀**】但在暴政之下，情形则不同，常有在司法官的命令下，刽子手才杀人的。

6.【**而代司杀者杀**】也有一些，不是在司法官的命令之下，也不是刽子手，就乱杀人的。

7.【**是谓代大匠斫。夫代大匠斫，希有不伤其手矣**】就好比一位不会砍柴的木匠，也要替别人去砍柴，如此，少有不砍伤自己的手啊。

全章解读

此章明示，为政之道，禁忌暴政，当行仁爱，勿乱用死刑于百姓。

第七十五章 贵生

暴政之二

标题解读

贵生，一指贵重生命，二指贵重天性，天性主生，天性为生生不息之源。暴政之下，非但贵生，反而戮生。

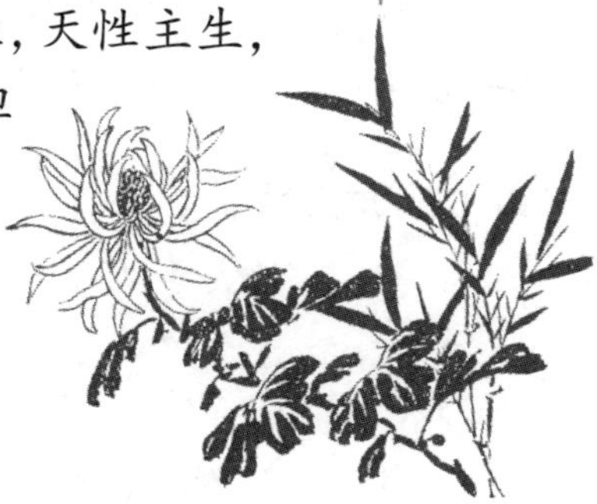

全章经文

民之饥，以其上食税之多也，是以饥。民之难治，以其上之有为也，是以难治。民之轻死，以其上求生之厚也，是以轻死。夫唯无以生为者，是贤于贵生。

章节解读

1. **【民之饥，以其上食税之多也，是以饥】**暴政之下，执政者只顾自己纵欲玩乐，对人民失去仁义礼智信。此时，苛捐杂税必重，人民劳力用尽，自然就饥饿不堪。

2. **【民之难治，以其上之有为也，是以难治】**正是因为执政者失去仁义礼智信，强作妄为，所以人民就跟着奸诈虚伪。到此时，再治理百姓，就困难重重。

3.【**民之轻死，以其上求生之厚也，是以轻死**】一旦到了民不聊生的地步，人民也就不怕死了。这是由于执政者纵欲玩乐过分奢侈，才使人民不怕死。

4.【**夫唯无以生为者，是贤于贵生**】所以，唯有清心寡欲，恬淡虚静，才是真正贵重生命；自奉太深，纵欲太重，反是轻视自己的生命。

全章解读

此章，明示贵生之道。何为生？天性为生，得天性者得生，失天性者失生。无私无我，成己成人，去情返性，返性复生，此乃生生不息之真谛。为政者，率先垂范，以身示教，人民岂有邪行。一人正一国正，一国正天下正。正者政也，政者自正，百姓无不正。上正下正，上下同正，乃圣人之政。

第七十六章 柔弱

柔与刚

标题解读

柔弱，指地道。天道主阴阳，地道主刚柔。人道法地道，当效法地道之柔弱，以柔弱顺刚强，刚柔相得，为中道妙则。

全章经文

人之生也柔弱，其死也坚强。万物草木之生也柔脆，其死也枯槁。故坚强者死之徒，柔弱者生之徒。是以兵强则不胜，木强则拱。强大处下，柔弱处上。

章节解读

1. **【人之生也柔弱，其死也坚强】**人生之时，身体柔软，死了之后，身体变得僵硬。

2. **【万物草木之生也柔脆，其死也枯槁】**万物也如此，如花草树木，生长之时，也很柔软，枯死之后，变得坚硬。

3. **【故坚强者死之徒】**由此可知，刚强顽固之人，就是想快点迈向死亡。

4.【柔弱者生之徒】谦退柔弱之人，反而走向长生。

5.【是以兵强则不胜】因此，以兵逞强，喜欢战争的国家，往往难以得胜。即使取胜，也虽胜犹败，因失其正义。

6.【木强则拱】树木强大，反遭砍伐。

7.【强大处下，柔弱处上】所以说，逞强之人，让人讨厌，而柔弱自处的人，反让人崇敬。

全章解读

此章，重复强调柔顺之道。柔顺之道，即坤道。坤阴柔，乾阳刚，以阴柔而顺阳刚，则达刚柔相得。刚柔相得，即是中道，中道永恒。

第七十七章 天道

中道的微妙

标题解读

天道，包含天道与地道。天地之道，皆以中道为本，中道的微妙，在于中和平衡万物。

全章经文

天之道，其犹张弓乎！高者抑之，下者举之，有余者损之，不足者补之。

天之道，损有余而补不足；人之道则不然，损不足而奉有余。孰能以有余奉天下？唯有道者。

是以圣人为而不恃，功成而弗居，其不欲见贤耶。

章节解读

1.【天之道，其犹张弓乎】中道的微妙，就好像拉开弓箭，瞄准射击的情况。

2.【高者抑之，下者举之】目标在高的地方，弓弦要往下拉；目标在低的地方，弓弦就要往上拉。

3.【有余者损之，不足者补之】距离短，拉弓的力量就要小一点；距离远，拉弓的力量就要大一点。

4.【天之道，损有余而补不足】中道的微妙就在于物极必反，循环不已。万物总是在平衡又调合的情况下，生生化化，调节运转，损有余，补不足，即是中平之道。

5.【人之道则不然，损不足而奉有余】世人则不同，如在为人处事方面，常常做锦上添花的虚伪之事，而救济贫困的事，却少有人去做。

6.【孰能以有余奉天下？】有谁能将有余的精神与财力，奉献给天下贫困的人呢？

7.【唯有道者】只有有道德的人，才能做得到。

8.【是以圣人为而不恃】因此，圣人顺应自然做事，不敢仗恃自己的能力。

9.【功成而弗居，其不欲见贤耶】顺天行道，不自居功，不愿夸耀自己之能，将己之长，补助天下百姓之短，这就是圣人所行的天道啊。

全章解读

此章，开示中道真谛。中道即勿过与不及，过与不及，皆为两端，两端则偏，偏则遭灾。只有守中，才能使阴阳平衡，衡则恒，恒则久，久则道，道则安，故中道为永恒安泰之自然大道。

第七十八章 水德

柔弱的益处

标题解读

此章宗于坎卦，坎卦之德，在于柔弱。水德，贵在柔弱。以柔弱顺刚强，则刚柔相得，刚柔相得，即是中道，中道中和万物，利益万物，此即柔弱的益处。

全章解读

天下莫柔弱于水，而攻坚强者，莫之能先。以其无以易之也。故柔之胜刚，弱之胜强。天下莫不知，莫能行。是以圣人云：受国之垢，是谓社稷主；受国之不祥，是谓天下王。正言若反。

章节解读

1.【天下莫柔弱于水】天下最柔弱的东西，莫过于水。

2.【而攻坚强者，莫之能先】水虽柔弱，却最能攻坚，如石头丢到水里，就被它涵盖，因为它有包涵性；如火遇到它，就会被湮灭，因为它有化解性；如泥土遇到它，就变得柔软，因为它有柔韧性；如木材浸在水里，就会腐烂，因为它有渗透性；如钢铁浸在水里，就会生锈，因为它有浸蚀性。

3.【**以其无以易之也**】而且，它无论在何地，柔弱低下的本性绝无改变，因为它有平等性。

4.【**故柔之胜刚，弱之胜强**】以上说明，柔能胜刚，弱能胜强。

5.【**天下莫不知，莫能行**】像这样的事实，天下无人不知，可很少有人，能够学习水的精神，亦很少有人做到像水一样。

6.【**是以圣人云：受国之垢，是谓社稷主；受国之不祥，是谓天下王**】所以圣人说：能够承受全国人民的屈辱，才称得上国家之主；能够承受全国灾难的重担，才称得上天下之王。

7.【**正言若反**】像这种卑下委屈之言，正体现出圣人柔弱的真正本性。虽然圣人本性柔弱，但能得到反面的益处，即柔能胜刚。

全章解读

此章，宗于《易经》坎卦。坎卦与离卦，为六十四卦之中间卦，代表中道。在文王后天八卦中，坎下离上，坎在下代先天坤，离居上代先天乾。坎以合离，则成水火既济之定功，亦即坎离返乾坤，乾坤返太极，太极返无极，进而明见天性，成就自然大道。柔顺刚，则同水火既济之理，此中妙理，至精至妙。坎之用，为人道大用，为中道之基，故老子反复以水为喻，此圣人诲人不倦、慈悲济世之心，诚然可知。老子观水而悟道，今之世人，又当如何呢？！

第七十九章 左契

上天的德性

标题解读

左契，一指可以变更的契约，一指永恒不变的性德。上天的德性，即是与万物永恒为善。

全章经文

和大怨，必有余怨，安可以为善？是以圣人执左契，而不责于人。故有德司契，无德司彻。天道无亲，常与善人。

章节解读

1.【和大怨，必有余怨】世人常因不如意之事，发生争执，而结下怨恨，这都是双方自负心过强，私心过重的结果。因此，纵然有人为之调解，可双方仍然还会心中不悦，所以这种和解，只是勉强的和解。

2.【安可以为善？】像这种勉强的和解，难道算是完善的结果吗？

3.【是以圣人执左契，而不责于人。故有德司契，无

德司彻】所以唯有圣人，虚静恬淡，心性宽广，不与世人纷争计较。如果有恩于世人，也不心怀惦念，就好像放款的官员，尽管放款，没有不舍之念，也不存回报之心，这就是有德之士的作为。

可世人却相反，就好像是催讨债款的人，借多少讨多少，一点也不能少，甚至还追加好处费。这不就好像无德的人，布施了一些金钱财物，心里就一直惦念着回报吗？

4. **【天道无亲】**只有上天的德性，最令人钦佩，因它养育万物，没有偏私，不分亲疏贵贱，而平等施予恩惠。为此，行善之人的心境，应该学习上天的德性。

5. **【常与善人】**然后，你就是上天的知己，跟天一样，拥有一颗大公无私的心。

全章解读

此章重在明示，圣人无私无我，无善无恶，无亲无疏，无分别计较之心，纯然以中道心为用。

第八十章 不徙

纯朴的世界

标题解读

不徙二字，表义即不迁居。深义即寂然不动，即得一归〇，亦即回归纯朴的大同世界。不徙，是修道法则。纯朴的世界，是修道的正果。

全章经文

小国寡民，使有什佰之器而不用，使民重死而不远徙。虽有舟舆，无所乘之；虽有甲兵，无所陈之。

使民复结绳而用之。甘其食，美其服，安其居，乐其俗，邻国相望，鸡犬之声相闻，民至老死，不相往来。

章节解读

1.【小国寡民，使有什佰之器而不用】怎样回复到纯朴的世界呢？应该像人民很少的小国一样，大家都过着纯朴和谐的生活，即使拥有兵器也用不着。

2.【使民重死而不远徙】此时，人民安居乐业，相处无事，就会尊重自己，也不想到处搬家。不远徙，即无念，即不动性，即寂然不动。

3.**【虽有舟舆，无所乘之】**虽有船有车，也无人争先恐后地想去乘坐。此即无欲无争之德。

4.**【虽有甲兵，无所陈之】**虽有武装的兵器，也不知要放在哪里。无欲无争，则无战事，故有兵器亦无用。

5.**【使民复结绳而用之。甘其食，美其服，安其居，乐其俗】**使人民回复到纯朴的生活。此时，人民吃饭都觉得甘甜，粗衣都觉得华丽，居家都觉得安乐，风俗习惯都觉得有乐趣。甘、美、安、乐，是功夫境界。心性安定快乐，如同极乐。食、服、居、俗，是指衣食住行。衣食住行虽平常之事，但最能体现修道之功夫境界。

6.**【邻国相望，鸡犬之声相闻】**邻近的邦国，互相远望，都觉得友好，听到鸡鸣狗叫的声音，都觉得和谐。此指国与国之间，人与人之间，人与物之间，皆和谐相处。鸡犬之声相闻，代表天明，代表人人明心见性，世界大同。

7.**【民至老死，不相往来】**此此时，人民生活满足，就是活到老，也无怨言，更不想搬家。不相往来，即指不起心动念，即是无往来，即是无生死，即是解脱生死。

全章解读

此章，重在阐释道法自然。先天大道，无极生太极，太极生两仪，即一分为二，二即阴阳，阳为性，阴为情，执情则失性，失性则生死轮转不息。反之，若能拨阴取阳，去情返性，则合二为一，得一归〇，〇即无我，无我即世界大同。

此章所述，即人类已回归到〇的境界，即自然的境界，即人人成德达道的世界。故知，全部《道德经》，皆以〇为归宿，人人修道，始于修身，中于齐家治国平天下，终于一归〇之真境。此与儒家之止于至善，同一道；与佛家之止观定慧，同一道；与《易经》之寂然不动，同一道；与善道之不动性、出数，同一道。

第八十一章 使命

一〇

标题解读

使命，指圣人的使命，圣人的使命，重在教导世人得一归〇，即同归自然，同归大同。

全章经文

信言不美，美言不信。善言不辩，辩言不善。知者不博，博者不知。

圣人不积，既以为人己愈有，既以与人己愈多。天之道，利而不害。圣人之道，为而不争。

章节解读

1.【信言不美】信实的话，不是花言巧语，所以听到耳里，总是不悦耳动听。

2.【美言不信】花言巧语，虽然动听，可未必是真心话，总是缺乏信实。

3.【善言不辩，辩言不善】良善之言，不必争辩；争辩之言，并非良善。

4.**【知者不博】**求真的大智慧者，社会知识不必广博，广博反为知障。因此，圣人贵重守中抱一，抱一得一，得一万事毕。

5.**【博者不知】**所以，求得外在广博的知识，未必是真知的大智慧者。因为追求外在事物，越追越远，越远越迷，迷失本性，则永远无法探求真知。

6.**【圣人不积】**因此，圣人不必追求外在的知识，更不必追求物质上的丰富。不积，即不造作有为，志在无为。

7.**【既以为人己愈有，既以与人己愈多】**他只是奉献自己，利益他人，也不求回报，反受人崇敬。不但如此，更使他的博爱精神，留在世人心中，刻下永恒的追思和怀念。

8.**【天之道，利而不害】**上天之道，只是利益万物，而不侵害万物。

9.**【圣人之道，为而不争】**圣人之道，只是负担调合大自然的使命，而不与人相争。利而不害，即天道法则，为而不争，即地道法则，圣人的使命，即效法天地之道而行，尤其是法地道为而不争之行，即可地返天，天返道，道返自然。道即一，自然即〇，即得一归〇。

全章解读

此章，重在开示，圣人法天地生成之道而行，重在效法地道而行，即为而不争。为而不争，即坤道，即柔道，即以坤柔顺乾刚之道，即刚柔相得，得一归〇之道。圣人的神圣使命，即是教导世人，得一归〇，同归自然，同归大同。

后　记

全经精韵

○一·一○

纵观全经，上篇始于道，下篇始于德。上篇首章始于道，道行在于常无欲。常无欲，为顿悟法门。下篇末章终于德，德用在于为而不争。为而不争，为渐修法门。上篇首章始于天道，其数○一，下篇末章终于地道，其数一○。首○一，末一○，首末一正一反，一顺一逆，简而言之，首章始于一，末章终于一，首末始终如一。

横观全经，九九八十一章，共计五千言，无不在开示世人明一，行一，得一，归○！无不在教导众生知一，行一，知行合一，合一归○！何以合一归○？即妙用九五！何以妙用九五？即四字真言——为而不争！即止于柔顺！此即地道，此即坤道，此即柔道，此即以柔顺刚之道；此即人法地，地法天，天法道，道法自然之道。

纵横全经，首章末章，与《易经》乾为始，坤为终，终而复始，同为一道；与易象以坤返乾，乾返太极，太极返无极，同为一道。与易数始于○一，终于一○，同为一道。

总而言之，全经精韵，来时○一，去时一○，一○，即是太上老君《道德经》成德达道的神妙验证码。一○：在儒道，即是止于至善、中和诚明；在佛道，即是止观定慧；在善道，即是出数、不动性；在易道，即是寂然不动；在本书，即是得一归○。总之，一〇，即是人类开启自性智慧的神妙验证码！得此一〇，即可得道，得道即可无所不得，但归根结底，仍一无所得！无所得，才是真得！值此，大道窍诀，无上神妙天机，以展现至淋漓尽致。

袁玉江

2021 年 12 月 5 日
于文登南海新区

道　谢

谨向为本书出版，付出辛劳与智慧的各位仁人，及捐助善资的各位志士，致以至诚道谢！